ORACIONES
QUE LIBERAN
TU DESTINO

ORACIONES
QUE LIBERAN
TU DESTINO

Profeta Romeo

Título: *Oraciones que liberan tu destino*
© 2022, Romeo Engura Akapo

De la maquetación: 2022, Romeo Ediciones
Del diseño de la cubierta: 2022,

Primera edición: febrero de 2022

Impreso en España

ISBN-13: 978-84-19073-55-6
Depósito legal: TF 50-2022

ÍNDICE

LA ESTRELLA Y EL DESTINO

Cuando Jesús nació en Belén de Judea en días del rey Herodes, vinieron del oriente a Jerusalén unos magos, diciendo: ¿Dónde está el rey de los judíos, que ha nacido? Porque su estrella hemos visto en el oriente, y venimos a adorarle.

MATEO 2:1-2

Los reyes magos tan sólo vieron una estrella en el cielo, y supieron que era la estrella del rey de los judíos, pero también pudieron comprender que este rey que había nacido provenía del Reino sobrenatural Supremo, del Reino del altísimo, del gran Yo soy.

De este mismo modo supieron que debían venir a adorarle tal y como él era adorado en el cielo antes de descender a la tierra para salvar a toda la humanidad.

¿De dónde sacaron los reyes magos toda esta información sobre quién era Jesús?:

Siendo que el mismo pueblo de Dios, desconocía el tiempo de la llegada del Mesías. Pero estos reyes magos reconocieron el tiempo de su nacimiento, tan sólo por la estrella de Jesús.

La estrella espiritualmente contiene la información profética del destino de cada persona en la tierra. Todo el mundo nace con varias estrellas, pero siempre hay una que sobrepasa las demás, es la más poderosa, es la que contiene la información codificada del destino de cada persona. Dios me ha concedido la gracia y el discernimiento de poder ver las estrellas de otras personas, mediante el poder de Dios puedo conocer el destino de dichas personas y por la oración de liberación puedo favorecer el cumplimiento de sus destinos.

En el caso de los agentes de las tinieblas mediante el espíritu de adivinación pueden ver las estrellas de alguien y harán todo para robarlas, pero si no pueden robarlas harán todo lo necesario para taparlas con velos mágicos que impidan que estas estrellas puedan brillar y trabajarán para abortar o manipular dicho destino, aquí comienza esta gran batalla espiritual.

Debemos comprender que Dios es realmente bueno y es bueno con todos, con los creyentes y con los incrédulos. Dios es bueno y a todos nos da la posibilidad de conocer su salvación en Cristo, a fin de que seamos libres de la condenación eterna y de la muerte segunda en el infierno. En todas las familias de la tierra Dios envía su provisión como parte de su bondad para capacitar a ciertos individuos para que sean de bendición para toda la familia. Pero el enemigo conoce este principio e infiltra a sus agentes en las familias y ellos ven quiénes nacen con grandes estrellas y hacen todo para robar dichas estrellas, para paralizar o abortar sus destinos gloriosos.

Estos robos o manipulaciones de estrellas tienen principalmente lugar mediante las supuestas tradiciones familiares de las que tantos se sienten orgullosos. Estas tradiciones son opuestas a la palabra de Dios y en realidad son ritos ocultistas diabólicos que abren puertas a las maldiciones y a los demonios para que puedan tener libre acceso para robar y para saquear todo lo que sea bueno en los niños y niñas de estas familias. Por esta razón vemos a todos los miembros de estas familias viviendo las mismas realidades de pobreza, de bloqueos y de muchas más aflicciones.

Principalmente quienes lideran estas tradicionales suelen ser brujos, hechiceros, curanderos, ocultistas, siervos del diablo que hacen todo esto escondidos en el supuesto nombre de los ancestros, de la familia y de la tradición. Estas prácticas abren puertas legales a los demonios familiares, a demonios territoriales y regionales. Ellos son los verdugos del dolor, del sufrimiento y del retraso en estas familias.

Podemos ver cómo Dios mismo advierte a su pueblo del peligro de estas prácticas abominables, hay consecuencias severas que se manifiestan en las familias que no obedecen a la palabra de Dios:

> **10** No sea hallado en ti quien haga pasar a su hijo o a su hija por el fuego, ni quien practique adivinación, ni agorero, ni sortílego, ni hechicero,
> **11** ni encantador, ni adivino, ni mago, ni quien consulte a los muertos.
> **12** Porque es abominación para con Jehová cualquiera que hace estas cosas, y por estas abominaciones Jehová tu Dios echa estas naciones de delante de ti.
>
> **DEUTERONOMIO 18:10-12**

Otra de las formas en las que las personas pierden sus estrellas es mediante el sexo ilícito, es decir mediante la fornicación que es la práctica de las relaciones antes del matrimonio y mediante el adulterio que es la práctica de las relaciones sexuales fuera del matrimonio.

11

Es una de las principales maneras en las que los demonios roban las estrellas de las personas, por eso incluso en el mundo existen dichos populares como estos:
Esta mujer da mala suerte a los hombres o este hombre da mala suerte a las mujeres. Esto es porque estas personas consciente o inconscientemente están al servicio de un tipo de espíritus que roban estrellas, finanzas, y absorben todo tipo de gloria en el momento del acto sexual.

Después del acto sexual la persona cree que sigue estando igual pero no sabe que sus estrellas acaban de ser robadas o manipuladas por demonios.

También en el caso de la masturbación tienen la capacidad de robar, pero en este caso roban la fuerza de dicha persona, de allí que las personas que se masturban son personas de doble ánimo, comienzan muchas cosas que no pueden terminar porque en el momento de la eyaculación un espíritu roba la fuerza y la vitalidad del alma de la persona por eso siempre tienen altibajos emocionales muy bruscos.

LOS INTERCAMBIADORES DE DESTINOS

Millones de personas son manipuladas y pierden sus estrellas mediante el acto sexual con los cazadores de estrellas, son individuos que intercambian los destinos de sus víctimas. Estos emisarios de las tinieblas quieren ser grandes en la vida, ostentan a tener la gloria del mundo, la fama, puestos importantes en la política, quieren ser actores o cantantes de renombres, etc. Están siempre están asesorados por satanistas, de ellos reciben instrucciones de cómo reconocer víctimas a las que puedan robar las estrellas.

El objetivo primordial de ellos es el acto sexual con personas jóvenes llenas de energía, llenas de sueños y de ilusiones en la vida. Suelen pretender impresionarles con dinero o con los lujos, esta es la trampa. Una vez que consiguen mantener relaciones sexuales siempre tendrán que dar dinero a cambio, porque este acto sexual es la puerta de entrada en el destino de dichas personas, pero después de acto sexual al entregarles el dinero en realidad están comprando sus destinos, sus estrellas y una vez que las personas cogen el dinero inconscientemente les entregan sus estrellas incluido todo tipo de gloria que podían tener en el futuro y el intercambio de destino es realizado.

Después estos cazadores de estrellas son promovidos y son prosperados por los poderes de los demonios mediante los robos de sus víctimas. Cuanto más alto llegan ellos, más miserables son las vidas de sus víctimas. Por esto usted necesita liberación si fue víctima de estos asaltantes de destinos, solamente podrá ser libre por el poder del Señor Jesucristo, pero después de su liberación no vuelva a pecar, arrepiéntase de corazón y viva que glorifique a Dios.

Por la gracia de Dios mediante este libro usted será libre y su vida será restaurada en el nombre del Señor Jesucristo. Amén

También existen aquellos que recurren a la llamada telefónica silenciosa. Es una llamada silenciosa hecha por los servidores del diablo desde curanderías y lugares dedicados a los demonios. Consiste en que en el momento de la llamada la víctima solamente hable o diga algo, donde por mucho que insista en preguntar, nadie responderá. En verdad lo que sucede es que ellos, antes de hacer la llamada hacen una serie de encantamientos para robar la luz de sus víctimas, más conocido secularmente como suerte. Entonces en el momento en que hacen la llamada, la condición para robar es que la persona descuelgue el teléfono, una vez que la persona responde a la llamada ellos roban espiritualmente todo lo que puedan. Esto es un atraco espiritual mediante la brujería. Normalmente estas llamadas son hechas entre las 12:00 hasta 03:00 de la madrugada, mediante números de teléfonos ocultos.

Este tipo de ataques muchas veces es realizado por personas cercanas como amigos y familiares que quieren la gloria robando la luz de los demás.

Pero en Cristo Jesús tenemos esperanzas siempre, si oramos contra todas estas actividades de las tinieblas, nuestros enemigos siempre fracasarán. Por eso en ocasiones hay llamadas que cuando llegan, usted siente el deseo de no responder, como una especie de rechazo en su corazón. Es Dios quien pone este rechazo en nuestros corazones.

En la historia bíblica podemos encontrarnos con el caso de José el hijo de Jacob. Dios había escogido a José para hacer grandes cosas y para ser un hombre de provisión y bendición para toda la tierra.

Pero casi tres años antes de su elevación como gobernador, el enemigo quiso robarle su estrella y su destino, pasando por la mujer de Potifar.

Ella hizo todo para seducirle y mantener relaciones sexuales con él, pero gloria a Dios por José que escogió negarse a sí mismo por amor a Dios y al plan superior de Dios. Si José hubiera aceptado mantener relaciones sexuales con ella, lo más seguro es que nunca habría sido gobernador de Egipto.

> 11 aconteció que entró él un día en casa para hacer su oficio, y no había nadie de los de casa allí.
>
> 12 Y ella lo asió por su ropa, diciendo: Duerme conmigo. Entonces él dejó su ropa en las manos de ella, y huyó y salió.

> GÉNESIS 39:11-12

LOS LADRONES DE ESTRELLAS

Muchos brujos trabajan en los hospitales y principalmente en la sección de neonatos, en la sección de bebes recién nacidos. Pueden ser matronas o ayudantes de partos. Con eso no quiero decir que todos los que trabajan en estas secciones son servidores del diablo, pero sí deben saber que el enemigo tiene un gran interés en que sus siervos y siervas trabajen infiltrados en estos lugares, para robar los destinos de los bebes. Por eso desde que el bebe se encuentra en el vientre de la madre deben orar pidiendo a Dios que proteja este bebe para que el poder de Dios cubra al bebe, de tal forma que sea intocable y que nadie pueda hacer nada que afecte negativamente su desarrollo dentro y fuera del vientre de la madre.

El momento en que un bebe sale del vientre de su madre, es uno los momentos más poderosos de toda su vida, porque es el momento en que las palabras que sean dichas sobre este bebé marcarán el rumbo de su vida. Por eso, en lugar de beber alcohol para celebrar el nacimiento como hacen los del mundo, debemos orar para bendecir a los bebes y profetizando bendiciones bíblicas sobre sus vidas en el poderoso nombre de Jesucristo. Amén

En el segundo parto de mi esposa experimenté algo terrible con una ladrona de estrellas, en un hospital de Madrid. Después del parto junto con mi esposa y la bebé fuimos trasladados a un cuarto, y en medio de la fatiga entraron dos señoras blancas que eran ayudantes en el hospital, una de ellas era muy tímida y distante pero la otra era muy extrovertida y atrevida. En medio de la situación la mujer parecía inocente y daba la impresión de querer ser simplemente amable. Pero Dios me habló y me dijo de mirar a esta señora con el discernimiento del Espíritu. Cuando la miré con el discernimiento del Espíritu, vi que esta señora había cogido dos estrellas de la frente de mi hija, al ser algo espiritual debía resolverse espiritualmente. Entonces el señor me dio una experiencia mientras oraba para recuperarlas. Dios me sacó de mi cuerpo y arranqué las dos estrellas de mi hija de la mano de esta bruja, al instante en que esto sucedió la mujer salió muy enojada porque acababa de fracasar. Después de todo recoloqué las dos estrellas junto a las otras estrellas de mi hija.

Los que utilizan esta clase de brujería, suelen ser personas que se relacionan muy bien con los niños y habitualmente siempre tocan las cabezas de los niños, como si se tratase de un juego, pero en verdad están robando sus estrellas. Quiero recalcar que no debemos pluralizar ahora que todos los que sean así son brujos, no, pero sí debemos ser prudentes. Debemos orar por nuestros hijos e hijas y debemos pedir al señor que nos muestre la auténtica identidad espiritual de cada persona que forma parte de nuestras vidas y de la vida de nuestros hijos.

Muchos niños sufrieron intercambios de destinos desde el vientre y al nacer alguien robó las estrellas e impuso condiciones de enfermedades sobre estos niños. Por eso ven a niños que nacieron sanos pero que de repente han desarrollado un tipo de enfermedad extraña, en realidad alguien lo hizo mediante la brujería, alguien intercambió sus vidas, e impuso vidas de sufrimiento y de terribles aflicciones sobre estos niños/as. Esta es la cruel realidad que debemos comprender, que la lucha es real y que los agentes del diablo no tienen compasión alguna, están llenos de muchas maldades.

Pero si comenzamos a orar Dios nos mostrará qué es lo que realmente sucedió y una vez que lo veamos podemos buscar liberación de estos niños. Muchas personas también expusieron la vida de sus hijos a los demonios, al participar de las prácticas ocultistas tradicionales, prácticas de tarot, lectura de manos, etc. No caiga en la tentación de ir a los hechiceros para conocer el futuro de sus hijos, tampoco vaya allí a buscar inútiles protecciones porque solamente Jesucristo salva, libera y protege.

ORACIONES PARA RECUPERAR LAS ESTRELLAS

En el nombre de Jesucristo, Padre que estas en los cielos, tú que me creaste en el vientre de mi madre, tú conoces mi destino porque tú lo dibujaste con tu mano, pero yo pequé contra ti, me rebelé contra tu verdad y tropecé por la dureza de mi corazón. Señor Perdóname, me arrepiento de haber vivido una vida pecaminosa, una vida miserable, perdóname señor, te lo pido en el nombre de Jesucristo. Amén

Padre de gloria y de poder, tú prometiste que, si nos humillamos ante ti, tú nos restituirás los años que comieron la oruga, la langosta, el saltón y el revoltón. Señor me arrepiente de mi pecado, y te pido que tengas misericordia de mí, padre por el poder del Espíritu Santo, te ruego que restaures mi vida, y que todo lo que perdí me sea restituido en el nombre de Jesucristo. Amén

Escrito está, si alguno está en Cristo, nueva criatura es. Las cosas viejas pasaron y todo es hecho nuevo.

En el nombre de Jesucristo, declaro que soy libre ahora de todas las aflicciones causadas por la vieja vida del pecado, en el nombre de Jesucristo. Amén

Declaro que mis estrellas me son devueltas, por el poder de Cristo, recupero mis estrellas robadas en el nombre de Jesucristo. Amén

Por la mano del Señor que está sobre mí, en el nombre de Jesucristo, recupero todas las estrellas que me fueron robadas, en el nombre de Jesucristo. Amén

Mi rostro brilla por la luz de Cristo, en el nombre de Jesucristo, proclamo que el ángel del Señor trae de vuelta toda estrella que me fue robada desde el día de mi nacimiento en el nombre de Jesucristo. Amén

Fuego de Dios que hace caer las fortalezas, fuego de Dios que rompe cadenas, fuego de Dios que quebranta las fortalezas, en el nombre de Jesucristo envío fuego contra todo altar en el que mi estrella se encuentra secuestrada, envío fuego y destruyo todo pacto realizado contra mi destino, por el fuego de Dios las fortalezas son destruidas, mis opresores caen confundidos, y mis estrellas me son restituidas, en el nombre de Jesucristo. Amén (Repite siete veces la oración)

Declaro en el poderoso nombre de Jesucristo la restauración de mis estrellas, mientras mis estrellas me son restauradas recupero multiplicado por siete los años de gloria y de prosperidad que me fueron robados, los recupero todos ahora en el poderoso nombre de Jesucristo. Amén

Por el poder de la sangre de Cristo, mi vida está cubierta bajo la protección de altísimo, mis estrellas son cubiertas por la sangre de Jesucristo, mi destino es restablecido en el nombre de Jesucristo. Amén

Todo destino de enfermedad es destruido ahora de mi historia en el nombre de Jesucristo. Amén

Toda imposición de miseria, de pobreza y de ruina colocada contra mí, es destruida ahora, la arranco de mí y la reenvío de donde salió en el poderoso nombre de Jesucristo. Amén

En el poderoso nombre de Jesucristo,
Desato mi vida de toda manipulación hecha contra mí en el día de mi nacimiento.

Todo intercambio que fue realizado es anulado y mis estrellas me son devueltas
En el poderoso nombre de Jesucristo. Amén
En el poderoso nombre de Jesucristo destruyo y rompo toda cárcel espiritual en la que han puesto mi destino, todo fundamente de cautividad es quebrantado ahora por el poder de la piedra angular que es Cristo, en el nombre de Jesucristo. Amén

Lanzo la piedra angular de Cristo, contra la frente de todo ladrón de estrellas, lanzo la piedra angular de Cristo contra la frente de todo usurpador de destinos, y recupero mis estrellas, recupero mi destino en el nombre de Jesucristo. Amén

Lanzo la piedra angular de Cristo, contra todos los vengadores, contra todos los opresores y perseguidores, y por el fuego de Dios derribo ahora a todo usurpador de destino, caen, caen delante de mi Dios, todos los ladrones de estrellas caen ahora en el nombre de Jesucristo. Amén Amén Amén

Gracias, amado Padre, creador del cielo y de la tierra, gracias por restaurar mis estrellas, gracias por restaurar mi destino, gracias por restaurar y restituir todo lo que había perdido, te ruego señor que me des la gracia de no volver a pecar, dame la gracia de mantenerme en tu plan, en tu propósito, y en una vida de oración constante desde ahora hasta el final de mis días, te lo pido en el nombre de Jesucristo. Amén

En el nombre de Jesucristo declaro que toda persona que, prospera mediante mis estrellas, dicha persona retrocede y cae en el nombre de Jesucristo. Amén

Declaro que todo agente del enemigo que persigue mi estrella cae en el nombre de Jesucristo. Amén

Todos los que han robado la luz de mi estrella, todos ellos caen, son abatidos por el fuego del Espíritu Santo, en el nombre de Jesucristo.

Amén Padre nuestro que estás en los cielos, clamo por tu protección, señor esconde mis estrellas de todos los asaltantes de destinos, te lo pido en el nombre de Jesucristo. Amén

CONSEJOS DE FE Y DE PRUDENCIA

Una vez que usted ha aceptado al Señor Jesús como su Señor y Salvador, debe saber que usted tiene autoridad sobre todos los ataques del enemigo contra su familia y contra su vida. Los poderes que los agentes del enemigo utilizan son diabólicos y ya fueron vencidos en la cruz por Cristo. Por lo tanto, comience a orar con fe y con determinación. Tenga fe porque en Cristo tenemos más poder y autoridad que todos los poderes de las tinieblas.

No mezcle la oración con las tradiciones paganas, ni con las prácticas ocultistas y espiritistas. El juicio de Dios golpea terriblemente sobre las personas que pretenden mezclar a Dios con las prácticas diabólicas.

Algunas personas pretenden burlarse de Dios, acuden a buscar ayuda donde los siervos de Dios, pero también acuden a las curanderías y al ocultismo.

Esto es una abominación que no quedará sin ser juzgada y que traerá consecuencias terribles, por lo tanto, no sea así, y si es su caso arrepiéntase de corazón y decídase a seguir al único Dios verdadero, el Señor Jesucristo. Él es el camino, la verdad y la vida, murió por nuestros pecados y resucitó a tercer día, ascendió a los cielos y está sentado a la diestra del trono del padre, justificando nuestra victoria todos los días hasta el final.

Como el rey Manasés que hizo lo malo ante los ojos del Señor y la ira de Dios descendió contra todos ellos. Dios sigue siendo Dios de justicia y de juicio, no durmamos como quienes duermen para condenación, sino que velemos, para que no caigamos en los engaños del diablo.

De doce años era Manasés cuando comenzó a reinar, y reinó en Jerusalén cincuenta y cinco años; el nombre de su madre fue Hepsiba.

2 E hizo lo malo ante los ojos de Jehová, según las abominaciones de las naciones que Jehová había echado de delante de los hijos de Israel.

3 Porque volvió a edificar los lugares altos que Ezequías su padre había derribado, y levantó altares a Baal, e hizo una imagen de Asera, como había hecho Acab rey de Israel; y adoró a todo el ejército de los cielos, y rindió culto a aquellas cosas.

4 Asimismo edificó altares en la casa de Jehová, de la cual Jehová había dicho: Yo pondré mi nombre en Jerusalén.

5 Y edificó altares para todo el ejército de los cielos en los dos atrios de la casa de Jehová.

6 Y pasó a su hijo por fuego, y se dio a observar los tiempos, y fue agorero, e instituyó encantadores y adivinos, multiplicando así el hacer lo malo ante los ojos de Jehová, para provocarlo a ira.

2 REYES 21:1-6

ORACIÓN POR LAS RESTAURA-CIÓN DE LAS ESTRELLAS DE SUS HIJOS

Consejo MUY IMPORTANTE

Usted debe orar con fe y confianza en el poder de liberación, de salvación y de restauración de la palabra de Dios. Ore con autoridad y perseverancia, creyendo de todo corazón en la oración que está haciendo. Al mismo tiempo, viva una vida conforme a la palabra de Dios, y eduque a sus hijos con los valores eternos de la palabra de Dios, la Biblia. De esta forma guardará todas sus victorias seguras. De tal manera que ira siempre de victoria en victoria y de gloria en gloria.

En el poderoso nombre de Jesucristo, por la mano fuerte y el brazo extendido de Cristo desato a mis hijos/as de donde fueron atados y metidos en el nombre de Jesucristo. Amén

Por la mano fuerte de Dios, y por el brazo extendido de Cristo, recupero las estrellas de mis hijos/as en el nombre de Jesucristo. Amén

Por la mano fuerte de Dios, y por el brazo extendido de Cristo, el poder de liberación libera y restaura las estrellas y los destinos de mis hijos/as en el poderoso nombre de Jesucristo. Amén

En el nombre de Jesucristo, por el dedo de Dios echo fuera todo demonio de intercambio de destinos que fue impuesto en la vida de mis hijos/as, estos demonios ahora son atados, y echados fuera de sus destinos, fuera de sus vidas, fuera de sus cuerpos, fuera de sus órganos en el poderoso nombre de Jesucristo. Amén

En el poderoso nombre de Jesucristo, echo fuera de la vida de mis hijos/as, a todo espíritu de enfermedad y de retraso que fue impuesto sobre mis hijos/as en el nombre de Jesucristo. Amén

Padre en el nombre de Jesucristo envía tus ángeles a rescatar el destino de mis hijos/as, que sus vidas sean restauradas y que sus estrellas sean restituidas conforme tu modelo y propósito celestial original, en el poderoso nombre de Jesucristo. Amén

Padre por tu amor y misericordia libera a mis hijos/as de las consecuencias de los pecados de nuestro pasado, en el poderoso nombre de Jesucristo. Amén

Padre que tu fuego de restitución descienda
Que tu fuego de restauración descienda
Que fuego de justicia descienda
Que tu fuego de juicio descienda y que mis hijos y mis hijas sean libres por tu poder, en el poderoso nombre de Jesucristo. Amén

Padre que tu fuego de restitución descienda
Que tu fuego de restauración descienda
Que fuego de justicia descienda
Que tu fuego de juicio descienda y que mis hijos y mis hijas sean libres por tu poder, en el poderoso nombre de Jesucristo. Amén

Padre que tu fuego de restitución descienda
Que tu fuego de restauración descienda

Que fuego de justicia descienda
Que tu fuego de juicio descienda y que mis hijos y mis hijas
sean libres por tu poder, en el poderoso nombre de Jesucristo.
Amén

Declaro que las estrellas de mis hijos e hijas son restauradas, y
por el fuego de Dios, los ladrones de estrellas son abatidos y
derribados en el poderoso nombre de Jesucristo. Amén
Declaro que la salud de mis hijos/as es liberada y restaurada en
sus cuerpos,
Declaro que la inteligencia de mis hijos e hijas es restaurada
y es restablecida sobre sus vidas en el poderoso nombre de
Jesucristo. Amén

Padre en el nombre de Jesucristo envía tus ángeles a rescatar
el destino de mis hijos/as, que sus vidas sean restauradas y que
sus estrellas sean restituidas conforme tu modelo y propósito
celestial original, en el poderoso nombre de Jesucristo. Amén

Declaro que todo velo con el que mis enemigos cubrieron a
mis hijos es quemado y destruido, el velo es quemado por el
fuego de Dios, el velo es destruido para siempre, mis hijos/as
son liberados/as por el poder de Cristo, en el poderoso nombre
de Jesucristo. Amén

Profetizo que mis hijos son favorecidos por Dios, la gracia y el
favor de Dios está sobre ellos de forma especial en el nombre
de Jesucristo, Amén

Profetizo restauración en mis hijos, todo lo que les fue robado
es devuelto multiplicado por siete en el poderoso nombre de
Jesús. Amén

Padre por tu infinita misericordia y por tu amor te pido que guardes el destino de mis hijos/as, ayúdame a cuidarles conforme tu palabra, dame sabiduría para agradarte y servirte, líbrame de caer en las prácticas ocultistas disfrazadas de tradición, señor dame la gracia de servirte y buscarte de todo corazón y bendice a mi descendencia, por cuanto somos linaje de los benditos de Jehová, te lo pido en el Poderoso nombre de Jesucristo. Amén Amén Amén

EL PERDÓN ES PODER

El perdón es un don celestial, que nos permite seguir desarrollando nuestra relación con Dios, el perdón es un escudo contra la trampa de la ofensa y del rencor. Cuando perdonamos crecemos, los cielos son abiertos sobre nosotros y nuestras fuerzas se multiplican. La razón por la que el enemigo utiliza la falta de perdón contra las personas es porque sabe que la falta de perdón abre puertas a muchas más aflicciones y cautividades. La ofensa y el rencor por ejemplo son fuerzas negativas y diabólicas que absorben la vitalidad y la capacidad creativa de sus víctimas, añadiendo a eso que muchos se perdieron eternamente en el infierno por ser esclavos del rencor.

Las personas dominadas por la ofensa, el resentimiento y el rencor, son personas muy manipulables para el enemigo, son personas que fácilmente abandonan todo lo que inician y no consiguen terminar con lo que comenzaron. Porque el enemigo come sus fuerzas, se alimenta de ellos mediante el rencor, la ofensa y la falta de perdón. Por eso cuando alguien es víctima de estas fuerzas diabólicas en su alma, también su cuerpo comenzará a enfermar, con todo tipo de enfermedades terribles.

Uno de los aspectos más importantes que debemos tratar es la capacidad de aplicar el perdón, como gracia y arma de escudo frente a las trampas del enemigo.

Si queremos experimentar la gloria de Dios, debemos recibir su perdón constantemente, pero para ello también debemos perdonar a los que nos ofenden, al mismo tiempo que debemos ser prudentes.

Un consejo personal para evitar que la ofensa nos controle es que no le demos confianza a todo el mundo en nuestras vidas y por otra parte procuremos guardar silencio ante quienes quieren ofendernos, mediante la oración vayamos ante el tribunal de Cristo, allí siempre venceremos y tendremos paz y gozo. No podemos vencer las artimañas del enemigo utilizando sus propias armas. Las armas de nuestra milicia no son carnales sino poderosas en Dios para la destrucción de fortalezas, utilicemos nuestras armas y siempre venceremos en el nombre de Jesucristo.

La necesidad del perdón es decisiva porque si no perdonamos, nuestro padre celestial tampoco nos dará su perdón y si no tenemos su perdón, Dios no oirá nuestras oraciones y no tendremos respuestas de parte de Él. Por eso muchos no consiguen avanzar, guardan rencor, ofensa, ya abandonaron la gracia del amor de Cristo.

Por lo tanto, seamos sabios en nuestras formas de tratar con las personas, no le demos al enemigo la oportunidad de entrar en nuestros corazones con ofensa y rencor. Haciendo eso podremos mantenernos fuertes en nuestra visión, creciendo en la gracia del padre celestial.

El perdón nos libera y nos prepara para poder recibir una mayor gracia de nuestro padre celestial. El perdón permite que nuestra visión se aclare y nos libera de vivir la vida de dolor y amargura que el rencor y la falta de perdón provocan.

14 Porque si perdonáis a los hombres sus ofensas, os perdonará también a vosotros vuestro Padre celestial;
15 mas si no perdonáis a los hombres sus ofensas, tampoco vuestro Padre os perdonará vuestras ofensas.

MATEO 6:14-15

EL JUSTO VIVE CONFIADO COMO UN LEÓN
PROVERBIOS 28:1

KAIROS

PROFETA ROMEO

ORACIONES DE LIBERACIÓN CONTRA EL RENCOR

Por la sangre Cristo, silencio toda voz de ofensa, de rencor y de resentimiento en el nombre de Jesucristo. Amén

Por el amor de Cristo que, hecha fuera el temor, hecho fuera de mí toda ofensa y todo rencor en el nombre de Jesucristo. Amén

Por el poder de Cristo, renuncio al rencor, y salgo de toda cárcel de falta de perdón, y desato mi alma del resentimiento en el nombre de Jesucristo. Amén

Por el poder de Dios destruyo todo peso colocado sobre mi corazón en el nombre de Jesucristo. Amén

Padre derrama más de tu gracia y de tu amor en mi corazón y libérame de las heridas del pasado, te lo pido en el nombre de Jesucristo. Amén

Padre venda las heridas de mi alma con tu amor, y fortalece mi corazón con tu aceite sanador en el nombre de Jesucristo. Amén

En el nombre de Jesucristo arranco de mi corazón todo dardo de ofensa, lanzado para herir mi alma y robar mi paz, en el nombre de Jesucristo. Amén

Por el poder del perdón de Cristo, perdono toda ofensa, renuncio a todo rencor enviado a envenenar mi espíritu, en el nombre de Jesucristo. Amén

Desato mi alma de los lazos de mi pasado
Desato mi corazón de la memoria emocional de las aflicciones
del pasado, desato mis emociones de toda situación dolorosa
del pasado en el nombre de Jesucristo. Amén

Me libero de toda cárcel de condenación del rencor y del odio,
en el nombre de Jesucristo. Amén

Por la sangre de Cristo, silencio toda voz de ofensa, de rencor y
de resentimiento en el nombre de Jesucristo. Amén
Soy libre de rencor, soy libre de la ofensa, soy libre del resentimiento en el nombre de Jesucristo. Amén

Repitan toda la oración siete veces

EL PODER DE LA GRATITUD

*Dad gracias en todo, porque esta es la voluntad de Dios
para con vosotros en Cristo Jesús.*

1TESALONISENSES 5:18

E l secreto de dar gracias es que, somos más bienaventurados dando que recibiendo. Dios ama que seamos agradecidos con Él y le agrada que también seamos agradecidos con las personas que Dios mismo envío para bendecirnos. Dar gracias nos permite recibir la gracia, de seguir recibiendo oportunidades y bendiciones para seguir dando gracias. Dar gracias y ser agradecidos nos abre puertas de gloria y de favor extraordinarias en la vida.

Cuando somos agradecidos somos receptivos a las bendiciones y el favor de Dios. Por esta razón dar gracias a Dios y ser agradecidos nos perfecciona.

Las personas desagradecidas están descalificadas para la gracia, dado a que sus corazones están endurecidos, y se desconectaron del amor de Dios.

Aun cuando nada parezca tener sentido, debemos siempre dar gracias a Dios para que podamos ser renovados en nuestro entendimiento y podamos encontrar el sentido de Dios en medio nuestros desafíos.

Una vez que encontramos el sentido de Dios en todo, venceremos en cada tiempo y creceremos dando frutos a tiempo y fuera de tiempo.

Dar gracias a Dios nos permite recibir mucho más abundantemente. Cuando damos gracias a Dios su gracia es multiplicada en nuestras vidas porque dar gracias a Dios es una forma de entregarle toda la gloria y al mismo tiempo es una adoración.

La gratitud trae multiplicación, y abre los cielos sobre nosotros. Cuando somos agradecidos nuestra paz es firme y nuestra seguridad es inmovible porque somos conscientes de la fidelidad infalible de nuestro Dios y Señor Jesucristo.

Debemos dar gracias siempre. Muchos se preguntan sobre cómo desatar la gracia de la multiplicación en sus vidas, y es muy simple, cuanto más agradecidos somos más recibiremos. Hay una gloria de multiplicación y avance que solamente se manifiesta en las vidas de las personas agradecidas, esta gloria activa manifestaciones angelicales de progreso sobrenatural. Es una maravilla, seamos agradecidos y veremos mucha más gracia manifestarse en nuestras vidas. No es sólo una cuestión de decir gracias, sino que la gratitud es una forma de vida justa que nos lleva a mayores niveles de humildad y pureza con Dios. Demos más gracias a Dios y sirvámosle de todo corazón, dar gracias es una expresión de amor hacia nuestro padre celestial.

Cuando damos gracias a Dios y vivimos con una actitud de agradecimiento de corazón, la gloria y el poder de Dios siempre nos acompañarán y haremos proezas con Dios. Cuando somos agradecidos con Dios, Dios nos guía y nos capacita para ser instrumentos de revelación y de manifestación de su poder y de gloria.

El señor Jesús comprendía muy bien el poder la gratitud ante los desafíos, como una vía para manifestar la gloria de Dios, como podemos ver en las escrituras. Por eso cada día al levantarnos demos gracias a Dios, en cada momento mantengamos una adoración de gratitud y al terminar nuestro día, demos gracias. Esta disciplina sobrenatural traerá frutos de gloria en nuestras vidas y podremos ser testigos eficaces de la gloria y del poder de Dios.

REFERENCIA JUAN 11:41-45

EL JUSTO VIVE CONFIADO COMO UN LEÓN
PROVERBIOS 28:1

KAIROS

PROFETA ROMEO

LA IMPORTANCIA DE
LA PROFECÍA

Son incontables los beneficios producidos por la profecía de Dios en nuestras vidas. La profecía cuando viene de Dios trae luz y no confusión. Trae paz, no de angustia. Dios es Dios de paz y de orden. Pero debemos saber que somos responsables del cumplimiento de la profecía. La profecía empodera nuestro destino con una luz extraordinaria y con una gloria única e incambiable que nos capacita para lograr cumplir con el plan de Dios.

La profecía trae realidad del cielo para nosotros en la tierra.

LA PROFECÍA NOS EDIFICA

Uno de los primeros beneficios de la profecía, es que edifica nuestra vida para lograr cumplir con los planes de Dios. Esta edificación es que la profecía, nos orienta hacia la palabra de Dios, nos advierte de los peligros, nos da dirección clara para que tomemos decisiones que nos lleven a prosperar en todo, nos da sanidad en nuestros cuerpos y luz en nuestros corazones. Veamos algunas referencias bíblicas.

Ninguna palabra corrompida salga de vuestra boca, sino la que sea buena para la necesaria edificación, a fin de dar gracia a los oyentes.

EFESIOS 4:29

Fuente de vida es la boca del justo, pero la boca de los impíos encubre violencia.

PROVERBIOS 10:11

Nunca se apartará de tu boca este libro de la ley, sino que de día y de noche meditarás en él, para que guardes y hagas conforme a todo lo que en él está escrito; porque entonces harás prosperar tu camino, y todo te saldrá bien.

JOSUÉ 1:8

Meditar en la palabra es confesar la palabra, y una vez que confesamos con constancia y fe, esta palabra es revelada en nuestros corazones y una vez que proclamamos la palabra revelada, se convierte en una profecía viva que trae cambios reales a nuestras vidas.

LA PROFECÍA ACTIVA LAS MANIFESTACIONES ANGELICALES

Cuando confesamos la palabra de Dios con fe, permitimos a los ángeles de Dios entrar en nuestra atmósfera y les facilitamos el cumplimiento de las misiones que el Padre celestial les asignó para nosotros. Cuando profetizamos la palabra de Dios, la atmósfera celestial es creada en la tierra dando paso a los ángeles de Dios a fin de que puedan pasar con nuestras respuestas, libremente por el segundo y el primer cielo sin ser retenidos por las fuerzas de las tinieblas. Los ángeles de Dios que nos fueron asignados para protegernos, ellos también son fortalecidos en poder y gracia, cuando proclamamos, confesamos, declaramos y profetizamos la palabra de Dios en nuestras vidas.

> Bendecid al Señor, ángeles suyos, valerosos guerreros que cumplís sus órdenes y prestáis atención a su palabra.
>
> **SALMOS 103:20**

Cuando declaramos, confesamos y profetizamos la palabra de Dios, cuando declaramos y confesamos sus promesas día y noche, sus ángeles se manifiestan libremente en nuestras vidas, en nuestros sueños, en nuestro caminar diario, en nuestras relaciones, e incluso en nuestra toma de decisiones. Los ángeles de Dios comienzan a ministrarnos sabiduría de lo alto. Cuando profetizamos los ángeles remueven las realidades de las tinieblas e imponen la realidad de Dios en nuestras vidas. Cuando profetizamos la palabra de Dios, nuestro futuro es ungido para no ser manipulado por el enemigo y los ángeles pueden tomar el lugar que les corresponde en nuestro camino para bendecirnos, como fue el caso de Jacob el hijo de Isaac.

> Y cuando Jacob siguió su camino, los ángeles de Dios le salieron al encuentro. 2 Y al verlos, Jacob dijo: Este es el campamento de Dios; por eso le puso a aquel lugar el nombre de Mahanaim.
>
> GÉNESIS 32:1

Cuando profetizamos la palabra de Dios en nuestras vidas, preparamos nuestro futuro para encuentros angelicales, la palabra de Dios que profetizamos nos permite tener encuentros con Dios mismo, en sus diferentes manifestaciones sobrenaturales.

Muchas personas no experimentan las realidades de la voluntad de Dios, de forma constante porque no confiesan las palabras necesarias para dichas manifestaciones de Dios. Al iniciar un nuevo año, un nuevo mes, una nueva semana, un nuevo día o una nueva etapa, aparte de orar debemos declarar y profetizar la palabra de Dios.

Indiferentemente de la realidad que está experimentando, todo puede cambiar. Todo lo que usted experimenta está bajo el dominio de una ley espiritual de cambio y regeneración. Es decir:

Toda realidad visible e invisible puede ser alterada, modificada y cambiada por la palabra de Dios.

Los ángeles de Dios viven para adorar y obedecer a la palabra de Dios, por eso es necesario que los involucremos declarando y profetizando la palabra de Dios en nuestras propias vidas, familias, trabajos, estudios, ministerios, etc.

De este modo avanzaremos con gozo y plena certidumbre de la victoria.

24 Así se quedó Jacob solo; y luchó con él un varón hasta que rayaba el alba.

25 Y cuando el varón vio que no podía con él, tocó en el sitio del encaje de su muslo, y se descoyuntó el muslo de Jacob mientras con él luchaba.

26 Y dijo: Déjame, porque raya el alba. Y Jacob le respondió: No te dejaré, si no me bendices.

27 Y el varón le dijo: ¿Cuál es tu nombre? Y él respondió: Jacob.

28 Y el varón le dijo: No se dirá más tu nombre Jacob, sino Israel; porque has luchado con Dios y con los hombres, y has vencido.

29 Entonces Jacob le preguntó, y dijo: Declárame ahora tu nombre. Y el varón respondió: ¿Por qué me preguntas por mi nombre? Y lo bendijo allí.

30 Y llamó Jacob el nombre de aquel lugar, Peniel; porque dijo: Vi a Dios cara a cara, y fue librada mi alma.

GÉNESIS 32:24-30

LA PROFECÍA NOS PERMITE ENTRAR EN EL KAIROS DE DIOS EN EL TIEMPOS DE REINADO Y DOMINIO

Saúl era de la familia más pequeña y pobre de la tribu del más pequeño de Israel, de la tribu de Benjamín.

> 21 Saúl respondió y dijo: ¿No soy yo hijo de Benjamín, de la más pequeña de las tribus de Israel? Y mi familia ¿no es la más pequeña de todas las familias de la tribu de Benjamín? ¿Por qué, pues, me has dicho cosa semejante?
>
> 1 SAMUEL I 9:21

Saúl fue escogido por Dios para ser el primer rey de Israel, convirtiéndose en el más grande de la Tribu de Benjamín para ser rey y tener dominio sobre todo Israel.

Para que esta transición de realidades tuviese lugar, Dios tuvo que revelarse a su siervo el Profeta Samuel. Pero nada podría suceder sin que el Profeta Samuel primeramente entregará la profecía de Dios a Saúl. Antes de que Saúl fuese coronado como rey sobre todo Israel, era necesario que el Espíritu del Señor descendiera sobre Saúl y que el mismo Saúl comenzase a profetizar su próxima realidad por encima de todo lo que él estaba experimentando.

Saúl después de recibir la profecía sobre quien pasaría a ser y sobre el dominio que tendría, era necesario que comenzase a profetizar sobre las maravillosas obras de Dios, que iban a tomar lugar en su vida.

Después de la profecía Saúl fue ungido como rey sobre Israel.

Tomando entonces Samuel una redoma de aceite, la derramó sobre su cabeza, y lo besó, y le dijo: ¿No te ha ungido Jehová por príncipe sobre su pueblo Israel?
1 SAMUEL 10:1

LA VIDA DE SAUL CAMBIÓ POR LA PROFECÍA

10 Y cuando llegaron allá al collado, he aquí la compañía de los profetas que venía a encontrarse con él; y el Espíritu de Dios vino sobre él con poder, y profetizó entre ellos.
11 Y aconteció que cuando todos los que le conocían antes vieron que profetizaba con los profetas, el pueblo decía el uno al otro: ¿Qué le ha sucedido al hijo de Cis? ¿Saúl también entre los profetas?
12 Y alguno de allí respondió diciendo: ¿Y quién es el padre de ellos? Por esta causa se hizo proverbio: ¿También Saúl entre los profetas?
1 SAMUEL 10:10-12

La gloria de Dios también se manifiesta mediante la profecía. Si usted quiere comenzar a experimentar la transición de la gracia y ascensiones de gloria. Comience por creer, en las promesas de Dios en su palabra. Llene su corazón mediante la confesión activa hasta que estas palabras se conviertan en Réma o Revelación y en profecía para su propia vida. Comience a orar y a profetizar activamente las profecías que le fueron dadas, no las ignore, si son de Dios forman parte de su plan para usted.
Tenemos en nosotros la gloria de Dios, pero debemos profetizar, sobre nuestras vidas. La profecía es una plataforma a través de la que la gloria de Dios se manifestará en nuestras vidas.

Mediante la profecía seremos conducidos a experimentar un mayor derramamiento de la gloria de Dios, debido a que la profecía trae consigo realidades superiores, realidades celestiales con melodías y cánticos angelicales.

Recuerden que el ministerio profético es anterior a todos los otros cuatro ministerios. Debido a que Dios antes de hacer algo en la tierra primero se revelará a sus profetas por eso la profecía es superior, y por cuanto es un don superior siempre desatará niveles de vida de la dimensión superior del tercer cielo.

Porque no hará nada Jehová el Señor, sin que revele su secreto a sus siervos los profetas.

AMOS 3:7

Aún en los tiempos de más difíciles la profecía acompañada de la obediencia y la oración, traerá la lluvia de bendición. Los tiempos de sequilla serán cambiados en tiempos de cosecha abundante. No esperemos ver para creer, creamos en Dios y en su palabra para ver su gloria constante y progresivamente en nuestras vidas.

Por ejemplo, el profeta Elías no solamente oró fervientemente para que lloviera, sino que después de orar profetizó una gran lluvia sobre todo Israel. Cuando solamente se veía una pequeña nube del tamaño de la mano de un hombre.

La oración del Profeta Elías desató una pequeña nube, del tamaño de la mano de un hombre, pero la profecía convirtió la nube en una gran lluvia extraordinaria y en una bendición escandalosa.

44 Y á la séptima vez dijo: Yo veo una pequeña nube como la palma de la mano de un hombre, que sube de la mar. Y él dijo: Ve, y di á Achâb: Unce y desciende, porque la lluvia no te ataje.
45 Y aconteció, estando en esto, que los cielos se oscurecieron con nubes y viento; y hubo una gran lluvia. Y subiendo Achâb, vino a Jezreel.

1 REYES 18:44-45

LA PROFECÍA TRANSFORMA TODO

Cuando un granjero decide tener más cosechas, comienza a trabajar más su tierra extendiendo más aún el lugar de la siembra. Una vez establecido el perímetro, comenzará a limpiar la tierra, a tratarla y a regarla, para después sembrará abundantemente y una vez hecha la siembra, volverá al mismo proceso una y otra vez hasta que llegue el tiempo de la cosecha y pueda cosechar abundantemente.

La tierra es como el mundo espiritual invisible, que dará a luz siempre a la cosecha de la palabra que haya sido sembrada. La misma tierra puede dar diferentes tipos de frutos, siempre y cuando que primero hayan sido sembrados.

Muchas personas oran mucho, pero cosechan poco, hasta el punto de que han hecho una doctrina de su escasa cosecha. Porque están convencidos que es la voluntad de Dios que ellos vivan y permanezcan en estas condiciones desfavorables. Dios puede probar a sus hijos, pero la prueba siempre tendrá tiempo de inicio y tiempo de fin, la prueba no es para siempre y después de cada prueba debemos experimentar resultados de victoria que sean evidencias de que hemos aprobado la prueba y de que ahora somos promovimos a un nivel mayor de autoridad y de madurez en Cristo Jesús.

La profecía es un canal, porque transporta la palabra de Dios. Dios siempre está dispuesto a crear nuevas realidades de gracia y de favor en nuestras vidas, de acuerdo con sus benditas promesas. Pero al igual que el sembrador que trabaja la tierra y la siembra, así también necesitamos regar nuestros esfuerzos y nuestros pasos de fe, mediante la palabra de Dios a través de la profecía.

No basta con que solamente oremos, sino que debemos aplicar los principios del Reino de Dios y el más importante es aplicar su palabra.

No debemos esperar a ver para proclamar que es nuestro lo que hemos pedido y lo que Dios mismo nos ha prometido, sino que todos los días al igual que pedimos debemos profetizar que tenemos ya, aquello que hemos pedido. Esta es una gracia, recordemos que Dios llama las cosas que no son como si fueran, debemos aprender de él. Para que las que cosas que no existen vengan a la existencia debemos profetizar que ya existen y que las ya tenemos. Estas profecías serán escaleras a través de las que los ángeles podrán moverse libremente y sin oposiciones. tal como está escrito:

«Te he confirmado como padre de muchas naciones». Así que Abraham creyó en el Dios que da vida a los muertos y que llama las cosas que no existen como si ya existieran.

ROMANOS 4:17

Dios le enseñó al Profeta Ezequiel a transformar las realidades mediante la profecía de sus promesas. El profeta Ezequiel aprendió que aún los muertos podían recibir la vida y los más olvidados y despreciados podían convertidos en un ejército poderoso e invencible.

Da igual cómo o cuánto de dura sea ahora su vida, Dios le ha entregado el poder y la autoridad en Cristo, de cambiar todas estas realidades mediante la fe en su palabra. Usted debe orar y actuar en fe obedeciendo la palabra de Dios, pero recuerde que la gloria de Dios está en usted por su Espíritu Santo y será manifestada muchas veces a través de la profecía, donde lo imposible pasará a ser posible y usted comenzará a vivir en la tierra las realidades y la voluntad de Dios en el cielo.

Cuando profetizamos le permitimos a Dios crear a través de nosotros. Como fue en el caso del profeta Ezequiel que podemos ver a continuación. Del mismo modo cada día, cada instante en que podemos, cada noche, cada semana, cada mes y cada año profeticemos abundantemente la palabra de Dios sobre nuestras vidas, sobre nuestras circunstancias indiferentemente de cómo sean y las realidades que experimentamos serán mudadas y transformadas. Pasaremos de experimentar las realidades de la tierra a vivir de la gracia y el favor sobrenatural del cielo.

Así como la oruga de lo más bajo de la tierra y pasa a ser una preciosa mariposa que puede alzar vuelo por encima de la tierra hasta alcanzar altas alturas. Seremos transformados si profetizamos y todo cambiará a nuestro favor

9Y me dijo: Profetiza al espíritu, profetiza, hijo de hombre, y di al espíritu: Así ha dicho Jehová el Señor: Espíritu, ven de los cuatro vientos, y sopla sobre estos muertos, y vivirán.
10 Y profeticé como me había mandado, y entró espíritu en ellos, y vivieron, y estuvieron sobre sus pies; un ejército grande en extremo.

EZEQUIEL37:9-10

EL CARÁCTER NECESARIO PARA QUE SE CUMPLAN LAS PROFECÍAS

Ninguna profecía se cumplirá por sí sola en nuestras vidas, sino que toda profecía conlleva también actuar en fe. Debemos disponer de una fe activa con obras para experimentar el cumplimiento de la profecía. Muchas personas llevan años frustrados tras haber recibido profecías que supuestamente no se cumplieron porque no se les enseñó correctamente cómo debían pelear la batalla de fe para que se cumplan las profecías. La profecía es un derecho legal a experimentar dichas promesas personales de Dios en nuestras vidas, pero recuerden que la fe sin obras es ineficaz y no produce vida, no produce nada. Una fe sin obras causa muchas desilusiones y fracasos. Por eso el Apóstol Pablo exhorta a Timoteo sobre la necesidad de trabajar y pelear para el cumplimiento de las profecías.

18 Este mandamiento, hijo Timoteo, te encargo, para que conforme a las profecías que se hicieron antes en cuanto a ti, milites por ellas la buena milicia, 19 manteniendo la fe y buena conciencia, desechando la cual naufragaron en cuanto a la fe algunos,

1 TIMOTEO 1:18-19

El apóstol pablo enseñó a su hijo Timoteo, la importancia y la necesidad de militar o pelear en fe para el cumplimiento de las profecías. La profecía es como una semilla plantada, debe ser cuidada, regada, limpiada con paciencia. Un tiempo después comenzará a dar frutos agradables para Dios y para nosotros. Pero debemos tener fe, pelear y trabajar para el cumplimiento de la profecía en nuestras vidas. Debemos orar, perseverar y actuar en fe hasta que se cumpla.

14 No descuides el don que hay en ti, que te fue dado mediante profecía con la imposición de las manos del presbiterio.
15 Ocúpate en estas cosas; permanece en ellas, para que tu aprovechamiento sea manifiesto a todos.

1 TIMOTEO 4:14-15

Debemos ser esforzados y valientes, trabajando en la dirección específica que fue revelada mediante la profecía para nuestras vidas. Sin esfuerzo y dedicación es prácticamente imposible que manifestemos el cumplimiento de las profecías que nos fueron entregadas. Pero si oramos y actuamos en fe, en concordancia a las profecías podremos verlas cumplirse una y otra vez, en el nombre de Jesucristo. Amén

ANOTA AQUÍ LOS PASOS DE FE QUE NECESITAS DAR Y COMPROMÉTETE A ORAR Y A LUCHAR HASTA QUE SE CUMPLAN LAS PROMESAS DE DIOS EN TU VIDA

··

··

··

··

··

ORACIONES DE LIBERACIÓN DE LOS OLORES DE MUERTE

En el nombre de Jesucristo, por la sangre de Cristo todo olor de muerte es arrancado de mi ser, de mis manos y de mis actividades. En el nombre de Jesucristo. Amén

Por el aroma de la sangre de Cristo, y por el perfume de la gloria de Dios me desprendo para siempre de todo olor de muerte, me separo de todo olor de fracaso, soy libre de toda peste destructora en el nombre de Jesucristo. Amén

En el nombre de Jesucristo soy nueva criatura en Cristo, y todo es hecho nuevo en mi vida, los olores del pasado no me alcanzan, ordeno que sean destruidos todos los olores de reclamaciones de cautividades del pasado, en el nombre de Jesucristo. Amén

Padre perdóname por todo pecado no confesado, que produce en mi vida un olor de muerte y de fracaso, en el nombre de Jesucristo. Amén

Jehová Dios de Abraham tú que bendices al campo con aromas de gloria, límpiame con la sangre de Cristo, lávame con tus aguas vivas y cambia el olor que desprende mi vida, bendíceme con aromas de tu gloria, bendíceme como bendices al campo por donde tú te manifiestas en el nombre de Jesucristo. Amén

Oh, Jehová Dios de Abraham, Dios de Isaac y de Israel, bendíceme con tu presencia perfumada, que tus perfumes sean derramados sobre mí, y que el aroma de mi vida sea agradable a ti, que todas las puertas me sean abiertas, que el favor y la gracia me acompañen en el nombre de Jesucristo. Amén Amén

En el nombre de Jesucristo, por la sangre de Cristo todo olor de muerte es arrancado de mi ser, de mis manos y de mis actividades. En el nombre de Jesucristo. Amén

Por el aroma de la sangre de Cristo, y por el perfume de la gloria de Dios me desprendo para siempre de todo olor de muerte, me separo de todo olor de fracaso, soy libre de toda peste destructora en el nombre de Jesucristo. Amén

En el nombre de Jesucristo soy nueva criatura en Cristo, y todo es hecho nuevo en mi vida, los olores del pasado no me alcanzan, ordeno que sean destruidos todos los olores de reclamaciones de cautividades del pasado, en el nombre de Jesucristo. Amén

Mi familia y yo estamos cubierto por las alas del Altísimo, Él nos ha librado de la peste destructora, y nos ha perfumado con su salvación y con su gracia. En el nombre de Jesucristo. Amén

En el nombre de Jesucristo aplasto y destruyo toda fuerza de peste destructora, derribo toda fortaleza de pestes destructoras, arruino toda estructura de pestes destructoras en mi vida, en el nombre de Jesucristo, soy libre ahora, el aroma de la gloria de Dios desciende sobre mí y me pone en alto en el nombre de Jesucristo. Amén

Envío fuego ahora, sobre todo altar de la hechicería, desde el cual están combatiéndome con olores de muerte, envío fuego ahora y destruyo todos estos olores y arruino sus altares en el nombre de Jesucristo. Amén

Por el poder de Cristo, destruyo toda lanza de peste destructora enviada para humillarme en el nombre de Jesucristo. Amén

Por el fuego de Dios arruino toda peste destructora proyectada contra mí para causarme enfermedades, lepra económica y espiritual, por el fuego de Dios destruyo esta peste, mi vida es recubierta y perfumada por el aroma de la gloria de Dios, en el nombre de Jesucristo. Amén Amén Amén

Destruyo el efecto de todo olor de muerte, enviado contra mí por los celosos y envidiosos, en el nombre de Jesucristo. Amén

Arranco de mi vida todo olor de traición por amor al dinero, todo olor de traición por amor al mundo, no soy partícipe del espíritu de traición y de muerte, en el nombre de Jesucristo. Amén

Destruyo el efecto de todo olor de muerte, enviado contra mí por los celosos y envidiosos, en el nombre de Jesucristo. Amén

Repita estas oraciones hasta que experimente liberación y paz en el nombre de Jesucristo. Amén

En el nombre de Jesucristo aplasto y destruyo toda fuerza de peste destructora, derribo toda fortaleza de pestes destructoras, arruino toda estructura de pestes destructoras en mi vida, en el nombre de Jesucristo, soy libre ahora, el aroma de la gloria de Dios desciende sobre mí y me pone en alto en el nombre de Jesucristo. Amén

Envío fuego ahora, sobre todo altar de la hechicería, desde el cual están combatiéndome con olores de muerte, envío fuego ahora y destruyo todos estos olores y arruino sus altares en el nombre de Jesucristo. Amén

Por el poder de Cristo, destruyo toda lanza de peste destructora enviada para humillarme en el nombre de Jesucristo. Amén

ORACIÓN PARA TENER EL AROMA DE LA BENDICIÓN FRAGANTE Y AGRADABLE

El aroma de la gloria del Yo soy de la rosa de Sarón, me cubre y me envuelve en su presencia en el nombre de Jesucristo. Amén

El perfume glorioso de los lirios de los valles acompaña mis pasos y todas las puertas son abiertas para favorecerme en el nombre de Jesucristo. Amén

El aroma de gloria y de amor de la Rosa de Sarón, me cubre por completo y la bendición del matrimonio gozoso se manifiesta sobre mí, en el nombre de Jesucristo. Amén

El aroma glorioso del Yo soy de la Rosa de Sarón, y el perfume de los lirios de los valles de los cantares de amor y de gracia me cubren y todas las cosas que emprendo prosperan y la puerta del amor me es abierta en el nombre de Jesucristo. Amén

El aroma de la mirra bendecida por Cristo se manifiesta sobre mí y atrae a mi vida encuentros de la realeza, de la gracia y de la prosperidad en el nombre de Jesucristo. Amén

El aroma bendecido de la mirra real viene sobre mí y recibo gracia y favor sobrenatural para liderar en cada área de mi nación, en el nombre de Jesucristo. Amén

Por el aroma y olor fragante de mis ofrendas, mis necesidades me son suplidas en el nombre de Jesucristo. Amén

Por el olor fragante de mis diezmos y sacrificios, señales de favor, dominio y bendición se manifiestan en mi vida y en mi familia para establecernos sobre las naciones, en el nombre de Jesucristo. Amén

Por el aroma y olor fragante de mis ofrendas, mis necesidades me son suplidas en el nombre de Jesucristo. Amén

El aroma de la gloria del Yo soy de la rosa de Sarón, me cubre y me envuelve en su presencia en el nombre de Jesucristo. Amén

El perfume glorioso de los lirios de los valles acompaña mis pasos y todas las puertas son abiertas para favorecerme en el nombre de Jesucristo. Amén

El aroma de gloria y de amor de la Rosa de Sarón, me cubre por completo y la bendición del matrimonio gozoso se manifiesta sobre mí, en el nombre de Jesucristo. Amén

El aroma glorioso del Yo soy de la Rosa de Sarón, y el perfume de los lirios de los valles de los cantares de amor y de gracia me cubren y todas las cosas que emprendo prosperan y la puerta del amor, las puertas del éxito, de la gracia y de la gloria se abren para siempre en mi vida y en mi familia en el nombre de Jesucristo. Amén

El aroma de la mirra bendecida por Cristo se manifiesta sobre mí y atrae a mi vida encuentros de la realeza, de la gracia y de la prosperidad en el nombre de Jesucristo. Amén

El aroma bendecido de la mirra real viene sobre mí y recibo gracia y favor sobrenatural para liderar en cada área de mi nación, en el nombre de Jesucristo. Amén

LOS SUEÑOS Y LAS REALIDADES DE LAS TINIEBLAS

El mundo de las tinieblas tiene un gran plan contra los hijos de Dios. El mundo espiritual diabólico tiene la visión de impedir que los hijos de Dios tengamos paz y quieren impedir que gocemos del cumplimiento de las promesas de Dios.
Para ser eficaz necesitamos agarrarnos de Dios y de su palabra, pero también debemos ser conscientes de los peligros que nos acechan cada día, a pesar de que tenemos autoridad y poder sobre todas las obras de las tinieblas. Si somos conscientes de los combates diarios del mundo espiritual dejaremos de ser negligentes y venceremos siempre.

> Sed sobrios, y velad; porque vuestro adversario el diablo, como león rugiente, anda alrededor buscando a quien devorar;
>
> **1 PEDRO 5:8**

Es una de las razones por las que necesitamos tener entendimiento de los misterios de los sueños, es para que el enemigo no tenga ventaja sobre nosotros.

El enemigo conoce muy bien el impacto de los sueños, por esta razón utiliza los sueños como un medio para llevar a cabo su malvada obra. *Las realidades invisibles del mundo espiritual pueden entrar en la dimensión física mediante los sueños.* Una vez que tenemos un sueño negativo, un sueño de muerte, de enfermedad, de humillación, de pobreza, etc. Una vez que estos sueños son percibimos por nuestro espíritu mientras dormimos, *debemos orar contra estos sueños para impedir que sean incubados y pasen a ser reales en la esfera física.*

Por esta razón el diablo combate mediante los sueños, porque sabe que la mayoría de las personas no saben cómo frenar sus malvadas intenciones ya que no saben cómo interpretas los tipos de ataques que experimentan en sus sueños, a pesar de que sean sueños que representan amenazas en sus vidas. Muchas personas erróneamente se aferran a que cuando sueñan algo malo siempre sucede, y creen que son especiales por eso, esto es un error. Porque tan sólo mediante los sueños perciben las intenciones ocultas de las tinieblas, que vendrán a ser realidades si no oramos contra ellas. Estoy hablando específicamente de los planes de las tinieblas con los que soñamos. Todos los sueños son como meteoritos que se precipitan hacia la realidad, para terminar, impactando contra nosotros con los efectos malvados del plan de las tinieblas, de robar, matar y destruir. Siempre que usted tenga sueños negativos, debe tomar tiempo para orar contra estos sueños, no haga una simple oración, sino que tome entre tres a siete días para paralizar dicho sueño y mediante la oración pida a Dios que sean sus promesas las que se cumplan en su vida y que no se cumplan las intenciones del enemigo.

Una de las principales formas de manipulación de destino que el diablo utiliza, es la brujería, la hechicería y el satanismo.

Cuando estas herramientas diabólicas están operativas contra alguien, el primer lugar donde se manifestarán las evidencias de los ataques será en los sueños. Existen tipos de sueños que evidencian la opresión de la brujería, hechicería, satanismo. Etc. Una vez que usted tiene este tipo de sueños, no se asuste ni tenga miedo, pero sí tómelo con la seriedad que se merece, dedique tiempo a orar hasta tenga una victoria total.

Estos son parte de los tipos de ataques en sueños que representan que usted o su familia están siendo combatidos desde las tinieblas:

ATAQUES DE SUEÑOS
DE COMIDA

Este tipo de sueños, son una de las primeras manifestaciones de la brujería. Millones de personas se encuentran comiendo en sueños de forma constante. Esto es un problema, que debe solucionarse urgentemente. Porque quienes comen en sueños no pueden experimentar plenamente la gloria de Dios, porque mediante esta comida en sueño el enemigo les infecta espiritualmente con todo tipo de aflicciones, principalmente después de este tipo de sueños suelen tener una gran pereza para la oración y para estudiar la palabra de Dios. Es decir, literalmente se convierten en personas de doble ánimo, se vuelven inconstantes en todos sus caminos y en todas sus obras. Necesitan ser liberados.

La comida en el mundo espiritual es un acuerdo, al igual que en el hábitat natural los leones comen entre leones, los cuervos comen entre cuervos, los buitres comen entre buitres. Así también espiritualmente la comida representa un acuerdo de formar parte de la misma realidad y condición espiritual.

Quienes comen en sueños siempre desarrollarán problemas de tipo. Estancamientos a nivel personal y profesional, un doble ánimo en todo, enfermedades inexplicables que aparecen sin más, cansancios injustificados, un gran rechazo social, espíritus de humillación, pobreza, de confusión, opresiones de lujuria, etc.

En el momento en que la brujería proyecta sueños de comida lo hacen con el fin de poner a la persona en acuerdo con una cautividad mientras al mismo tiempo roban algo importante de su vida, tal como su vida de oración, su prosperidad y muchas más cosas. Muchos después de haber tenido sueños en los que se vieron comiendo a nivel espiritual comenzaron a sentir una gran pesadez y un desanimo en sus labores profesionales, en la oración y en la búsqueda de la presencia de Dios. Desde este punto de partido se crea una espiral de fracasos y de confusiones constantes.

Si consiguen desconectarte de Dios, habrán conseguido desconectarte de tu salvación y de tu destino. Aunque si éste es tu caso, todavía es posible que seas libre por el poder de Dios, en el nombre de Jesucristo. Amén

Por otra parte, cuando el sueño de comer es constante se puede estar tratando de una iniciación pasiva a un espíritu de brujería. Para que después de un tiempo la personas reciba demonios de brujería y comience a practicar brujería inconsciente, es decir la persona se vuelve brujo o bruja inconscientemente y los demonios comienzan a utilizar su espíritu, hasta que ya de forma consciente la persona acepta operar con los demonios de la brujería. Lo siguiente sería que pase al estado de brujería consciente en modo operativo destructivo. ¿Qué terrible verdad?, pues todo eso pueden hacerlo mediante el ataque en sueños. Por eso cada vez que el enemigo quiere frenar a los hijos de Dios una de sus estrategias de ataque será la comida en sueños, porque para poder vencer con más rapidez es más eficaz hacerlo desde dentro.

La comida en sueños es una comida espiritual, en realidad la persona está aceptando la entrada de demonios a su vida. Es un veneno espiritual muy letal.

La comida que la gente se ve comiendo en sueños como consecuencia de un ataque espiritual, nunca se va a deshacer por sí sola aún después de cien años, sus efectos siempre seguirán allí si la persona no ora por su liberación con el poder y la autoridad del nombre de Jesucristo. solamente podemos ser libres por el poder de Jesucristo, no busquen soluciones patéticas como la santería, el ocultismo o las curanderías. Porque todo eso forma parte de los reinos diabólicas. solamente en Cristo somos salvos y solamente por su gracia podemos vencer. La comida espiritual diabólica que las personas comen en sueños es un imán para las desgracias constantes y los fracasos sin cesar. Es una realidad espiritual que es introducida en las personas para atraer a sus vidas situaciones difíciles y opresivas.

Es tan terrible que Dios prometió destruir con sus juicios a los que practicasen estas obras oscuras y diabólicas. Todos los que sueñan con estos ataques deben saber que el diablo utiliza a personas que le sirven para llevar a cabo estos planes. Dichas personas utilizan hoyas para cocinar encantamientos y pronunciarlos después intencionadamente contra determinadas personas, hogares, poblados, barrios, ciudades o incluso países.

Así lo dijo el Salmista:
Antes que vuestras ollas sientan la llama de los espinos,
Así vivos, así airados, los arrebatará él con tempestad.

SALMOS 58:9

Dios promete destruir estas obras. Pero debemos orar con determinación contra estas actividades. Así que desde ahora en adelante no deje pasar ni un solo sueño de comida. Si alguna vez llega soñar comiendo ore y renuncie a ello y hable con el profeta Romeo si le es posible, para que pueda asesorarle y orar por usted, o sino busque la ayuda de otro ministro de Dios que ore por usted y así pueda así recibir liberación en el poder del Espíritu Santo. Si este tipo de sueños persiste comience a ayunar y orar fervientemente contra ellos para destruirlos y para arrancar estas semillas de maldad de su vida. Pero no ignore estos sueños porque son ataques directos contra su vida, contra su familia y contra su destino.

Orar contra los sueños del mundo de las tinieblas, es lo mismo que decir no al plan del diablo. Cuando derribamos los planes del diablo su reino no puede prosperar en nuestras vidas. En verdad ninguno de los planes de las tinieblas debe prosperar en nuestras vidas, todos los planes de satanás están condenados a fracasar y a ser humillados cada vez que pretendan combatirnos. Aunque cabe destacar que esta victoria es real y nos pertenece, pero esta victoria conlleva que creamos y oremos hasta que se manifieste físicamente todas las victorias espirituales que Jesucristo nos entregó al morir por nuestros pecados y al resucitar para darnos vida eterna y resurrección.

En esta vida que Cristo nos entregó se encuentran infinitas victorias, que nos hacen ser más que vencedores. No hay espacio para ni una sola derrota, aleluya. Así armémonos de valentía y fe, oremos para destruir esta manipulación, así como todas las demás. ¡Aleluya!

Ninguna arma forjada contra ti prosperará, y condenarás toda lengua que se levante contra ti en juicio. Esta es la herencia de los siervos de Jehová, y su salvación de mí vendrá, dijo Jehová.

ISAÍAS 54 :17

ORACIONES CONTRA EL ATAQUE DE COMER EN SUEÑOS

En el momento en que haga estas oraciones debe poner su mano en su vientre, a medida que vaya leyendo y orando, si usted fue víctima de un ataque de comida en sueños comenzará a vomitar lo que comió en sueños aún si no se acordaba del sueño, comenzará a expulsar cualquier veneno espiritual que depositaron en usted

y todas las aflicciones planeadas para oprimir su vida no tendrán lugar, porque una vez que haya expulsado lo que depositaron mediante los sueños, el plan de las tinieblas no tendrá éxito y usted experimentará una poderosa liberación en el nombre de Jesucristo. Amén

Tenga en cuenta que la perseverancia en la oración es la clave. Estas oraciones están ungidas de forma especial, y experimentará el poder de liberación cada vez que las haga en el nombre de Jesucristo.

¡Una gran liberación tendrá lugar en usted!

ORACIÓN DE LIBERACIÓN DE COMIDAS EN SUEÑOS

Mi comunión es con Cristo, con su Reino y con su Espíritu, mi comunión es con la sangre de Cristo que me limpia de toda maldad, mi comunión es con el Padre, con el Hijo y con el Espíritu Santo en el nombre de Jesucristo. Amén-amén-amén

Toda comunión con la brujería que me fue impuesta mediante mis sueños por una comida espiritual es destruida ahora de mi vida, de mi sistema, de mi destino en el nombre de Jesucristo. Amén

Rompo y arruino todo acuerdo involuntario, consciente o inconsciente con la brujería, destruyo cualquier acuerdo del que haya participado mediante una comida en sueños, en el nombre de Jesucristo, destruyo este acuerdo, no tendrá más lugar en mi vida, ni en mi destino, no experimentaré el deseo de mis perseguidores, en el nombre de Jesucristo. Amén

Por el poder de la sangre de Cristo, anulo el efecto y la manipulación de cualquier comida que he comido en mis sueños, en el nombre de Jesucristo. Amén

Por el dedo de Dios echo fuera de mí todo lo que haya comido en sueños, por el dedo de Dios lo echo fuera en el nombre de Jesucristo. Amén

Por el dedo de Dios, echo fuera toda enfermedad que han introducido en mí mediante comidas en sueños, echo fuera toda cautividad, echo fuera toda humillación, echo fuera toda pobreza, echo fuera toda miseria y toda confusión en el nombre de Jesucristo. Amén

Cristo adereza una mesa delante mí, en presencia de mis angustiadores por lo tanto yo no participo de la mesa de mis enemigos, mi comunión es con Cristo. En el nombre de Jesucristo. Amén

Todo cuanto haya comido en sueño de la mesa de mis enemigos, lo arranco y lo arruino de mi vida y de mi sistema, lo expulso ahora, ahora, ahora en el nombre de Jesucristo. Amén

Mi cuerpo no es el deposito de las desgracias, mi cuerpo no es una señal de la opresión, ningún imán espiritual tiene poder sobre mí. En el nombre de Jesucristo. Amén

Rompo y destruyo todo poder de hechicería que han utilizado para controlar y manipular mi vida, en el nombre de Jesucristo. Amén

Destruyo toda fuerza de brujería que han lanzado sobre mí, mediante una comida en sueños, en el nombre de Jesucristo. Amén

En el nombre de Jesucristo, declaro fuego de Dios quemando toda comida que me dieron a comer en sueños, en el nombre de Jesucristo. Amén

Antes que las hoyas de mis perseguidores sientan las llamas de los encantamientos, decreto que torbellinos de fuego, los destruyen en el nombre de Jesucristo. Amén

Antes que sus hoyas de cautividad se enciendan por las llamas de maldad, declaro en el nombre de Jesucristo que los torbellinos del juicio de Dios los arrebatan y estos planes de las tinieblas son destruidos en el nombre de Jesucristo. Amén

Todo efecto de las hoyas y de las comidas de las tinieblas en mi vida, es destruido ahora, por el torbellino de Jehová, en el nombre de Jesucristo. Amén

El torbellino de Jehová me hace libre de cualquier realidad impuesta mediante los ataques espirituales de mis perseguidores, en el nombre de Jesucristo. Amén

El torbellino de Jehová rompe y destruye los encantamientos pronunciados contra mí para atarme mediante comidas de maldad en el nombre de Jesucristo. Amén

Por el torbellino del fuego de Cristo, arranco de mi vida y de mi realidad espiritual y material toda manipulación de maldad, de ruina y de muerte impuesta mediante los sueños, en el nombre de Jesucristo. Amén

Por el torbellino del fuego de Cristo, toda modificación de maldad, enviada por una comida en sueños es destruida para siempre y no verá la luz en el nombre de Jesucristo. Amén

Por el torbellino del fuego de Cristo, destruyo y arranco de mi sistema espiritual toda cautividad impuesta mediante cualquier comida en sueños, en el nombre de Jesucristo. Amén

Renuncio a ser partícipe pasivo de mi propia destrucción mediante las comidas de maldad y de muerte en el nombre de Jesucristo. Amén

Renuncio a toda esclavitud impuesta mediante mis sueños, en el nombre de Jesucristo. Amén

Renuncio a toda realidad de tristeza impuesta mediante cualquier ataque en mi espíritu, en el nombre de Jesucristo. Amén

Me separo de toda fuerza de control y de limitación que entró en mi vida, mediante los sueños en el nombre de Jesucristo. Amén

Me separo en Espíritu, alma y cuerpo de todo lazo impío con el que me ataron mediante los sueños en el nombre de Jesucristo. Amén

En el nombre de Jesucristo envío fuego en todo lugar donde la maldad es invocada contra mi vida y contra mi familia, destruyo total y definitivamente estas obras de maldad, la tempestad de Jehová arrebata y derriba toda hoya de maldad, toda palabra de muerte y de cautividad, el fuego de Dios destruye estos lugares y todos los planes de mis enemigos son destruidos y son abatidos en el nombre de la justicia de Dios, en el nombre de Jesucristo. Amén

Levanto mi mano al cielo, y caen los enviados del infierno, en el nombre de Jesucristo. Amén

Levanto mi mano al cielo y caen los ataques preparados para entrar en mis sueños, en el nombre de Jesucristo. Amén

Levanto mi mano al cielo y son atados, derribados y destruidas todas las fuerzas pronunciadas para mantenerme en cautividad en el nombre de Jesucristo. Amén

Cada vez que mis perseguidores pretendan encender hoyas de maldad contra mí y mi familia, son arrebatados con tempestad y son derribados para siempre en el nombre de Jesucristo. Amén

Cada instante en que mis perseguidores quieran oprimirme, la tempestad y el fuego de Dios los derriba completamente en el nombre de Jesucristo. Amén

Aseguro mis sueños con la sangre de Cristo, en el nombre de Jesucristo. Amén

Por la sangre de Cristo, mis sueños son santificados y protegidos en el nombre de Jesucristo. Amén

Por la sangre de Cristo, mis sueños son liberados, mi destino es protegido en el nombre de Jesucristo. Amén

Por la sangre de Cristo mi vida es inaccesible para mis enemigos, en el nombre de Jesucristo. Amén

ATAQUES DE SUEÑOS DE DESNUDEZ Y DE HECES

P ara vivir una vida de gloria es necesario que lidiemos y trabajemos eficazmente contra las artimañas de las tinieblas, por ello necesitamos tratar este problema también. Porque da igual el esfuerzo a nivel natural, las personas que sueñan con heces o defecaciones, o se ven a sí mismo defecando en sueños. Estas personas están a punto de experimentar humillaciones, rechazos, derrotas y fracasos de todo tipo. Este tipo de ataques son encantamientos diabólicos de humillación, llevados a cabo la mayor parte de las veces durante las últimas horas de la noche, las horas del mediodía, las tres de la tarde y las seis de la tarde.

En la misma realidad, si alguna vez usted por error caminando en la calle pisó heces de cualquier animal, hay un sentimiento repulsivo que sintió y comenzó a preguntarse cómo es que no lo había visto.

Nadie se siente bienaventurado con esa idea, y mucho menos con la idea de verse en sus sueños manchados de sus propias heces o de otras personas. Este tipo de ataques son un arma de destrucción de las tinieblas, para traer cautividad y destrucción de forma permanente.

El mismo ataque también va ligado a los olores de muerte que en su mayoría son producidos por heces espirituales invisibles.

Es tan terrible que en una ocasión Dios envió su juicio sobre su pueblo a causa del pecado. Este juicio comenzó con un olor a haces sobre toda la nación, y esto representaba la señal de los tiempos difíciles a los que era entregada toda la nación de Israel por el pecado y por la rebelión de toda la nación. Para llevarlo a cabo Dios mandó al profeta Ezequiel cocinar pan, este pan representaba la palabra revelada para producir cambios favorables o desfavorables. Cocinado con fuego de excrementos humanos, que representa el impacto causado por el pecado de ellos y los despreciables y lo desgraciados que serían en las naciones donde serían esclavizados y puestos en cautividad. Es algo terrible

El profeta Ezequiel rogó a Dios que le diese otra forma de profetizar este juicio, dado a lo terrible que era el acto en sí mismo. Pero debemos comprender que, ante los ojos de Dios, abandonarle y volverse al mundo con sus prácticas abominables es como quien rompe su ropa perfumada de gala, y decide vestirse de ropas rotas arrastradas durante todo un día por las letrinas públicas. Uno no lo ve, pero espiritualmente es el aspecto que toman quienes abandonan la luz de cristo para agarrarse a las tinieblas del mundo. Por lo tanto, este juicio era justo, duro, pero justo. Levántate sigue a Cristo

> Y comerás pan de cebada cocido debajo de la ceniza; y lo cocerás a vista de ellos al fuego de excremento humano. Y dijo Jehová: Así comerán los hijos de Israel su pan inmundo, entre las naciones a donde los arrojaré yo.
>
> EZEQUIEL 4: 12-13

Mas ahora que estamos en Cristo, ninguna condenación hay para nosotros. Cristo nos justifica para que tengamos paz para con Dios, y vivimos para la gloria de Dios. La gracia y el favor de Dios están sobre nosotros, estamos revestidos de la gloria de Dios producida por la santificación de Cristo en nuestras vidas.

Por lo tanto, el enemigo no tiene ningún derecho de oprimirnos de ninguna manera. Esta arma de humillación es letal y a veces muy difícil de detectar. La envidia y los celos son el motor que provoca en los agentes del diablo el deseo que atacar humillando a los demás con heces o defecaciones espirituales.

Este ataque de sueño de heces y de olores de muerte es algo que es lanzado como una flecha mediante encantamientos y palabras de maldad en el espíritu diabólico, y que una vez colocado sobre la persona, atraerá demonios de humillación, fracaso, rechazo y enfermedades, como la carne podrida atrae a las moscas y a los gusanos.

Normalmente utilizan este ataque cuando la persona está teniendo éxito en alguna área, o quizás porque la persona tenga una virtud que destaque, una gran belleza, un gran carisma, un buen nombre, un buen salario, un ministerio exitoso y eficaz, un matrimonio bendecido o una mujer prometida a punto de contraer matrimonio, etc. Mediante el ataque de heces causan un olor espiritual diabólico destructivo que hará que la persona pierda todos sus avances o progresos, si la persona no derriba este ataque mediante la oración.

En el ochenta por ciento de los casos la persona que es víctima de este ataque lo soñará antes o después de que suceda, y en el vente por ciento la persona que es víctima percibirá este olor de heces de vez en cuando y en el peor de los casos son las otras personas quienes lo percibirán de forma constante. Esto es una pesadilla para la víctima, que comenzará a ver a la gente taparse la nariz cada vez que estén cerca.

Este problema es terriblemente destructivo, tanto que el salmista del Salmos 91 lo describió así:

> Diré yo a Jehová: Esperanza mía, y castillo mío;
> Mi Dios, en quien confiaré.
> Él te librará del lazo del cazador,
> De la peste destructora.
> Con sus plumas te cubrirá,
> Y debajo de sus alas estarás seguro;
> Escudo y adarga es su verdad.
>
> **SALMOS 91:2-4**

La heces o defecaciones invisibles provocan un olor de muerte, de humillación, una peste destructora que tiene como fin gastar y volver desdichados a todas sus víctimas.

Nadie puede experimentar una vida de gloria abundante y de progreso constante si es víctima de este ataque y no lo combate, menos todavía si no lo sabe.

Muchos matrimonios han sido destruidos mediante este tipo de ataque, muchas empresas y negocios han caído en quiebra porque los clientes dejaron de comprar en sus establecimientos, ya que los clientes que se acercaban sentían una sensación de rechazo solamente con estar a varios metros del establecimiento.

El olor de los hijos de Dios natural y espiritualmente debe aromático. Nuestra vida y nuestras obras deben desprender un olor agradable, un olor que atraiga la bendición del Señor sobre nosotros, un aroma que nos de favor ante las otras personas.

De allí la importancia de ungirse también todos los días con el aceite de unción como lo describen las escrituras, y no solamente con el aceite de olivo consagrado porque a la luz de las escrituras el aceite de unción está compuesto por varios componentes bíblicos aparte del aceite de oliva. El aceite de unción bíblico es aromático, y hoy en día solamente es producido en Israel por los judíos. Aunque comprendo que todo es santificado mediante la oración.

Que Dios bendiga más a Israel con su gloria. Amo a Israel y bendigo a Israel en el nombre de Jesucristo. Amén

Veamos algunas referencias bíblicas sobre el poder del aroma que desprende nuestra vida y nuestras obras.

18 Pero todo lo he recibido, y tengo abundancia; estoy lleno, habiendo recibido de Epafrodito lo que enviasteis; olor fragante, sacrificio acepto, agradable a Dios.
19 Mi Dios, pues, suplirá todo lo que os falta conforme a sus riquezas en gloria en Cristo Jesús.

FILIPENSES 4:18-19

> Y Jacob se acercó, y le besó; y olió Isaac el olor de sus vestidos, y le bendijo, diciendo: Mira, el olor de mi hijo, Como el olor del campo que Jehová ha bendecido;
>
> GÉNESIS 27:27

> 21 Y percibió Jehová olor grato; y dijo Jehová en su corazón: No volveré más a maldecir la tierra por causa del hombre; porque el intento del corazón del hombre es malo desde su juventud; ni volveré más a destruir todo ser viviente, como he hecho.
>
> ÉNESIS 8:21

La bendición y el olor van de la mano, así como la gloria y el poder de Dios se manifiestan juntos. El aroma que desprendemos es tan importante que incluso en el nacimiento de Jesucristo, uno de los regalos que los reyes magos le hicieron fue la mirra que es un aceite aromático y de gran valor. Un aceite con el que los reyes se ungían y era parte del secreto para asegurar prosperidad en sus reinados.

> Y al entrar en la casa, vieron al niño con su madre María, y postrándose, lo adoraron; y abriendo sus tesoros, le ofrecieron presentes: oro, incienso y mirra.
>
> **MATEO 2:11**

Cuando el olor de la bendición está sobre nosotros causa favor sobrenatural para que dominemos y avancemos plenamente en la manifestación de la gloria de Dios en nuestras vidas. Como sucedió con la reina Ester, en su época los cuidadores de las mujeres comprendían el misterio del olor y por eso era tratado de la siguiente manera:

> Todas aquellas jóvenes eran sometidas a un tratamiento de belleza durante doce meses. Los primeros seis meses se untaban el cuerpo con aceite de mirra, y los seis meses restantes con perfumes y cremas de los que usan las mujeres.
>
> **ESTER 2:12**

Ninguna mujer podía presentarse delante del rey sin primeramente haber tratado el problema de los olores, durante todo un año.

El tipo de olor o aroma que desprendemos determinará el tipo de puertas por las que pasaremos. Por lo tanto, incluso llega un momento en nuestra relación con Dios que somos impartidos de un olor a rosas, cuando llegamos en un lugar un aroma a rosas comienza a percibirse e incluso cuando oramos las personas comienzan a percibir este olor a rosas aún si no nos hemos perfumado. Es el aroma de la bendición que desprendemos. Así debe ser y no de la otra forma, en la que tantas personas sufren años tras años por el olor de muerte, o de heces invisibles con el que fueron atacados espiritualmente por los agentes de las tinieblas.

Ahora que usted ya lo sabe, ya tiene discernimiento por el conocimiento revelado, comience a orar en esta dirección y asegúrese también de vivir una vida que glorifica a Dios, porque la vida de pecado también desprende sobre las personas un olor espiritual de muerte y abominable ya que la paga del pecado es la muerte.

En nuestro ministerio por la misericordia de Dios, hacemos gran énfasis en el uso del aceite de unción cada día y los resultados son asombrosos y extraordinario. Haga usted lo mismo y notará la diferencia.

Con estas oraciones usted experimentará liberación en su vida y en cada área de su vida que fue atacada con el olor de muerte, de heces, o de peste destructora.

Esta oración, hágala si puede después de bañarse y sino después de hacer las oraciones báñese orando. Comenzará a experimentar una gran liberación y testificará de la gloria de Dios. Se lo aseguro, testificará de maravillas en el poderoso nombre de Jesucristo.

EL ATAQUE DE LOS SUEÑOS CON DESNUDES

Soñar con desnudes puede interpretarse de muchas formas, y uno de los factores que determinarán la interpretación será el tipo de oración que estemos haciendo, pero también puede influir el tipo de pensamientos que tengamos.

De forma general soñar con desnudes representa el inicio de un tiempo de burlas, de derrotas y en algunos casos de muerte. Cuando Adán y Eva comieron del fruto prohibido comenzaron a verse desnudos, comenzaron a avergonzarse y ser víctimas del miedo. Lo siguiente es que fueron juzgados con sentencia de la culpabilidad y fueron echados del Jardín del Edén.

Si usted tiene sueños de desnudes primeramente debe meditar sobre qué tipo de vida está viviendo. Si está viviendo una vida de pecado, debe arrepentirse y debe buscar la gracia de Dios en la oración y en la obediencia a su palabra. Porque el pecado nos desnuda y nos desarma frente al cumplimento del propósito de nuestro propio destino.

En caso de que usted se encuentra perseverando con Cristo y que vive una vida de santidad, y en sus sueños ve la desnudes de alguien o su desnudes, o la ven otras personas, usted debe comenzar a orar contra todos los eventos de humillación preparados contra usted, debe orar con persistencia por lo menos durante unos seis días,

porque un ataque de humillación ya ha sido preparado contra usted desde el mundo de las tinieblas.

Los sueños de desnudes suelen traer consigo despidos laborales, persecuciones y acusaciones por sus pecados del pasado, el rechazo a nivel social y escándalos humillantes. En el que caso de los matrimonios, este tipo de sueños suele ser la preparación de un ataque de complejos, donde uno de los cónyuges comenzará a ver de forma exagerada demasiados defectos en su pareja, y eso abrirá puertas a la comparación con terceras personas del pasado o del presente.

Es una lupa con visión al desprecio y al divorcio. Cuando uno o los dos comienzan a ver solamente defectos, es que están en medio de una batalla espiritual contra sus vidas y contra el matrimonio. Deben unirse y combatir para vencer, porque nadie en la tierra tiene la perfección, es Cristo quien nos perfecciona cada día con nuestra obediencia y por su misericordia.

Cada vez que usted sueñe con desnudes debe comenzar a combatir esta realidad espiritual que se le quiere imponer, hágalo con fe y persistencia, vencerá en el nombre de Jesucristo.

Uno de los requisitos para tener un año de gloria es que estemos revestidos de gloria y de poder, no que estemos desnudos espiritualmente y menos que se nos impongan una desnudes de burla o de humillaciones.

Recordemos por ejemplo el caso de la mujer adúltera que fue sorprendida en el mismo acto de adulterio, es decir fue sorprendida desnuda y fue traída ante el señor Jesús. Fue perseguida, agarrada y humillada hasta el punto de ser arrastrada públicamente desnuda, todo eso con la intención de matarla, con una muerte tan terrible, el plan que tenían era de lapidarla. Hasta que la sabiduría y la misericordia de Jesús la salvó de sus acusadores, pero en su caso el origen de su problema era su pecado, su pecado expuso su desnudes y que casi la lleva a la muerte.

3 Entonces los escribas y los fariseos le trajeron una mujer sorprendida en adulterio; y poniéndola en medio,
4 le dijeron: Maestro, esta mujer ha sido sorprendida en el acto mismo de adulterio.
5 Y en la ley nos mandó Moisés apedrear a tales mujeres. Tú, pues, ¿qué dices?
6 Mas esto decían tentándole, para poder acusarle. Pero Jesús, inclinado hacia el suelo, escribía en tierra con el dedo.
7 Y como insistieran en preguntarle, se enderezó y les dijo: El que de vosotros esté sin pecado sea el primero en arrojar la piedra contra ella.
8 E inclinándose de nuevo hacia el suelo, siguió escribiendo en tierra.
9 Pero ellos, al oír esto, acusados por su conciencia, salían uno a uno, comenzando desde los más viejos hasta los postreros; y quedó solo Jesús, y la mujer que estaba en medio.
10 enderezándose Jesús, y no viendo a nadie sino a la mujer, le dijo: Mujer, ¿dónde están los que te acusaban? ¿Ninguno te condenó?
11 Ella dijo: Ninguno, Señor. Entonces Jesús le dijo: Ni yo te condeno; vete, y no peques más.

JUAN 8:3-11

Este es el contexto interpretativo del noventa por ciento de los sueños de desnudes, representa acusaciones, humillaciones, burlas, menosprecios e incluso a veces representa la muerte. Pero tenemos esperanza en Cristo, aún si usted tiene un sueño similar, levántese y comience a orar fervientemente, Dios lo revestirá de una mayor gloria y el enemigo será de nuevo humillado por el poder de la sangre de Cristo. Aleluya, ¡qué maravilloso!

Debemos comprender que la realidad física, no es incambiable. Desde el mundo espiritual, la realidad física puede cambiarse con gran facilidad. Por eso la primera parte de nosotros que se da cuenta de estos cambios es nuestro espíritu y por esta razón soñamos con estos eventos. Pero es tiempo de que los hijos de Dios comprendan que todos los planes del enemigo pueden ser parados, anulados y destruidos mediante la oración correcta. La única ventaja que el diablo toma contra las personas es que las personas no saben interpretar estos sueños. Por esta razón por medio de este libro aprendemos a interpretar estos sueños para impedir que tenga éxito el plan del enemigo y así nosotros podremos ir de victoria en victoria con toda libertad y paz.

ORACIONES CONTRA LOS SUEÑOS DE DESNUDES

En el nombre de Jesucristo, me revisto de la gloria de Dios, me revisto de la honra de Cristo, me revisto del poder de Cristo. Soy libre de toda persecución, por la gloria de Dios soy libre de toda acusación y en Cristo soy libre de toda condenación, tengo paz con Dios en el nombre de Jesucristo. Amén

Mis vestiduras son de santidad, mis ropas son resplandecientes y la sangre de Cristo me justifica para experimentar la gloria de Dios en el nombre de Jesucristo. Amén

Oh, señor, padre nuestro que estas en los cielos y que por la fe en Cristo estás en mi corazón
vísteme de gloria y libérame de la ruina y de las cenizas úngeme con aceite de gozo y líbrame de todo luto
Pon alrededor de mí un manto de alegría y líbrame de todo espíritu de opresión, líbrame de toda condenación y de toda angustia en el nombre de Jesucristo. Amén

Por el fuego de Dios destruyo toda realidad de humillación preparada contra mi vida y contra mi destino, en el nombre de Jesucristo. Amén

Por el fuego de Dios arruina la materialización de todo presente que me quiera condenar en el nombre de Jesucristo. Amén

Por el fuego arranco de mi futuro todo evento de muerte, de humillación y de persecución en el nombre de Jesucristo. Amén

Renuncio y derribo definitivamente toda realidad espiritual preparada para manifestarse con señales de humillación en mi familia y en mi vida, somos libres en el nombre de Jesucristo. Amén
Mis vestiduras son de santidad, mis ropas son resplandecientes y la sangre de Cristo me justifica para experimentar la gloria de Dios en el nombre de Jesucristo. Amén

Mi vida está cubierta por la gloria de Dios
Mi vida está escondida en Cristo, en Dios
Ninguna desnudes me es impuesta, ninguna humillación logra alcanzarme, ninguna persecución lograr tocarme ni detenerme en el nombre de Jesucristo. Amén

Mi pasado fue borrado por la sangre de Cristo, no viviré la condenación de los pecados de mi pasado en el nombre de Jesucristo. Amén

Por la sangre de Cristo, mi destino está justificado para la victoria en el nombre de Jesucristo. Amén

En el nombre de Jesucristo, me revisto de la gloria de Dios, me revisto de la honra de Cristo, me revisto del poder de Cristo. Soy libre de toda persecución, por la gloria de Dios soy libre de toda acusación y en Cristo soy libre de toda condenación, tengo paz con Dios en el nombre de Jesucristo. Amén

Mis vestiduras son de santidad, mis ropas son resplandecientes y la sangre de Cristo me justifica para experimentar la gloria de Dios en el nombre de Jesucristo. Amén

Oh, señor, padre nuestro que estas en los cielos y que por la fe en Cristo estás en mi corazón
vísteme de gloria y libérame de la ruina y de las cenizas
úngeme con aceite de gozo y líbrame de todo luto
Pon alrededor de mí un manto de alegría y líbrame de todo espíritu de opresión, líbrame de toda condenación y de toda angustia en el nombre de Jesucristo. Amén
Por el fuego de Dios destruyo toda realidad de humillación preparada contra mi vida y contra mi destino, en el nombre de Jesucristo. Amén

Por el fuego de Dios arruina la materialización de todo presente que me quiera condenar en el nombre de Jesucristo. Amén

Por el fuego arranco de mi futuro todo evento de muerte, de humillación y de persecución en el nombre de Jesucristo. Amén

Renuncio y derribo definitivamente toda realidad espiritual preparada para manifestarse con señales de humillación en mi familia y en mi vida, somos libres en el nombre de Jesucristo. Amén

En el poderosos nombre de Jesucristo, cierro todas las puertas de humillación preparadas contra mí, en el nombre de Jesucristo. Amén

Destruyo todo fundamento de humillación que se haya levantado contra mi vida, y contra mi familia, decreto que no seremos humillados, sino que el favor del altísimo está con nosotros en el poderoso nombre de Jesucristo. Amén

Mi elevación viene de Dios, mi bendición viene de su gracia y mi victoria proviene de su poder en el poderoso nombre de Jesucristo. Amén

Toda arma de humillación preparada contra mí es destruirá ahora por el poder de Cristo, porque ningún arma forjada contra mí prosperará en el nombre de Jesucristo. Amén

Mi vida es bendecida, mi vida es favorecida, mi destino brilla y no puede ser apagado en el nombre de Jesucristo. Amén

EL JUSTO VIVE CONFIADO COMO UN LEÓN
PROVERBIOS 28:1

KAIROS
PROFETA ROMEO

LOS SUEÑOS CON SERPIENTES

Este tipo de sueños, son manifestaciones de ataques contra la gloria que está sobre sus vidas. Los sueños con serpientes representan manifestaciones de poderes diabólicos dirigidos para que usted pierda todo lo que ha conseguido y para reducir su vida a nada.

En la historia bíblica tras haber sido la serpiente el instrumento que satanás uso para engañar a Adán y Eva, la serpiente fue maldecida por Dios y parte de esta maldición consiste en que la serpiente morderá al hombre en el calcañar. Es decir, la serpiente morderá a los hombres en el talón, y el talón representa la dominación, la conquista y el progreso.

Espiritualmente la serpiente atacará siempre para robar y quitar el dominio de los hombres.

> 14 Y Jehová Dios dijo a la serpiente: Por cuanto esto hiciste, maldita serás entre todas las bestias y entre todos los animales del campo; sobre tu pecho andarás, y polvo comerás todos los días de tu vida.
> 15 Y pondré enemistad entre ti y la mujer, y entre tu simiente y la simiente suya; ésta te herirá en la cabeza, y tú le herirás en el calcañar.
>
> GÉNESIS 3:14-15

La serpiente pasó a ser la principal manifestación de las fuerzas del diablo en la tierra. Estando en la primera línea como

85

fuerza de ataque espiritual satánica, es tan terrible que cuando Jesucristo les dio a sus discípulos la asignación de predicar su palabra en todas las naciones. Jesucristo sabía que el diablo atacaría su obra para que los hombres no vengan al arrepentimiento y sean salvos.

Debido a eso Jesucristo les entregó autoridad a sus discípulos. La primera autoridad fue para destruir la operación diabólica de la serpiente. Esto es debido a que esta fuerza es la principal fuerza que satanás utiliza para robar, matar y destruir.

Por eso, es necesario no subestimar los sueños de ataques con serpientes, porque representan el inicio de ataques de alto calibre diabólico, este tipo de ataque viene para frenar el dominio y matar todo tipo de progreso y de vida. Dios desde el antiguo testamento nos dio autoridad de hollar al dragón, a la serpiente. No dejemos de ejercer la autoridad que Cristo nos dio y venceremos siempre.

He aquí os doy potestad de hollar serpientes y escorpiones, y sobre toda fuerza del enemigo, y nada os dañará.

LUCAS 10:19

> Tomarán en las manos serpientes, y si bebieren cosa mortífera, no les hará daño; sobre los enfermos pondrán sus manos, y sanarán.
>
> **MARCOS 16:18**

Por esta razón cuando una persona comienza a soñar con serpientes, debe saber que un ataque se está llevando a cabo para que pierda todo cuanto ha logrado, a nivel profesional, a nivel personal, su salud y a veces incluso su vida.

Muchas personas tras soñar con persecuciones de serpientes perdieron sus empleos, sus matrimonios, su salud, sus finanzas fueron afectadas negativamente y de un modo inexplicable.

Porque este ataque se manifiesta para morder el talón, es decir para robar el dominio de la persona. Toda persona que sufra este ataque debe comenzar a orar inmediatamente durante varios días hasta obtener la victoria. Es tan tremendamente poderoso que incluso cuando Dios quiso liberar a su pueblo de la cautividad en Egipto derrotando el poderío del Faraón y de Egipto, una de las señales que Dios le entregó a Moisés, fue que su vara se convirtiese en serpiente.

Esta serpiente devoro las serpientes de los brujos del mismo Faraón, es decir que el Faraón perdió su dominio desde la primera visita de Moisés.

9 Si Faraón os respondiere diciendo: Mostrad milagro; dirás a Aarón: Toma tu vara, y échala delante de Faraón, para que se haga culebra.

10 Vinieron, pues, Moisés y Aarón a Faraón, e hicieron como Jehová lo había mandado. Y echó Aarón su vara delante de Faraón y de sus siervos, y se hizo culebra.

11 Entonces llamó también Faraón sabios y hechiceros, e hicieron también lo mismo los hechiceros de Egipto con sus encantamientos;

12 pues echó cada uno su vara, las cuales se volvieron culebras; más la vara de Aarón devoró las varas de ellos.

13 Y el corazón de Faraón se endureció, y no los escuchó, como Jehová lo había dicho.

ÉXODO 7:9-13

Desde el momento en que la serpiente de la vara de Moisés devoró las serpientes de las varas de los brujos del Faraón, el poder satánico de Egipto fue humillado y todo este imperio pasó a colocarse bajo el Dominio de Moisés, todo cuanto decía tenía que suceder, al terminar esta batalla, Egipto lo perdió todo incluso perdió todos sus primogénitos, tanto en los hombres como en los animales. Este es el impacto tan tremendo de la señal de la serpiente, por consiguiente, ver visiones o soñar con serpientes es una señal de que su dominio y avance está siendo atacado para que usted lo pierda todo. Por ello debe comenzar a orar hasta tener una victoria total, no juegue con ello sino más bien combátalo hasta que la victoria de Cristo se manifieste totalmente sobre este ataque de las tinieblas.

En una de las oraciones online que estaba haciendo, traté bastante el tema de las serpientes, y les expliqué a los hermanos lo importante que es reprender esta fuerza del diablo. Cuando inicié la oración, los hermanos comenzaron a experimentar liberación de una forma extraordinaria. Tras la oración recibí muchos testimonios, Uno de los ellos una hermana que tuvo dos sueños, donde veía a una serpiente muerta y sin cabeza, me contactó y la dije que este sueño representaba una gran victoria que el señor la había entregado. Unos días después en la casa de sus padres, dos serpientes fueron encontradas, y su hermanito que es soldado mató a las dos serpientes y toda la familia fue liberada este terrible ataque. En sus sueños la hermana vio dos serpientes muertas, y en la realidad también su hermano mató dos serpientes, *esta es la relación de los sueños con la realidad física*.

Otro testimonio es el de una hermana que tras recibir las oraciones que hacíamos *online*, soñó con un gran hombre de Dios de este tiempo. En el sueño el hombre de Dios comenzó a orar por su liberación y ella misma cuenta que en el sueño vio serpientes, de todo tipo y escorpiones salir de ella. Comenzaron a salir de su cuerpo uno tras otro, y así se despertó con esta tremenda liberación y esta liberación afectó positivamente todas las áreas de su vida hasta el día de hoy, Dios la dio grandes victorias.

Son tan numerosas las personas que tras haber recibido esta ministración vieron sus vidas liberadas, transformadas, prosperadas y llenas de la gloria de Dios. Aleluya

En una ocasión fui invitado a la casa de un hermano en Cristo para orar por su familia. El hermano estaba pasando por demasiados bloqueos en su vida, bloqueos a nivel financiero y limitaciones de todo tipo incluso en su relación con Dios. Acepté la invitación y fui a compartir la palabra con ellos y administrarles liberación en el Poder del Espíritu Santo. Unos días después de mi visita el hermano tuvo un sueño, donde veía un árbol en medio del salón de la casa, pero de repente entraron dos ángeles, cortaron el árbol y el árbol se convirtió en una gran serpiente a la que agarraron y se la llevaron fuera de la casa, así el señor le hizo libre. Había un espíritu de serpiente en su casa bloqueando todas las áreas de su vida. Pero gloria a Dios que fue liberado. Después de este sueño la vida del hermano ha sido extraordinaria, todas las puertas financieras le fueron abiertas, su vida entró en otra dimensión de gracia y de favor sobrenatural.

Personalmente tuve, un sueño de un ataque terrible que les dejará impactados. En una ocasión estaba durmiendo y soñada con un ataque con serpientes, donde veía a tres serpientes combatiéndome, pero en el sueño las vencí en el nombre de Jesucristo. Al despertarme seguía viendo en visión a estas serpientes, entonces entendí lo real que era el sueño y que estos demonios seguían combatiéndome, me levanté y comencé a orar. El poder de Dios comenzó a destruirlas, pero una de ellas huyó, mediante la unción profética la perseguí en el Espíritu para ver a dónde iba. Para mi sorpresa esa serpiente fue a encontrarse con un hombre que la preguntó diciendo:

¿Dónde están las cosas que os mandé robar?:

la serpiente le respondió que no habían logrado robar nada y que yo había destruido las otras dos. Al profundizar en la visión, vi el rostro del que había enviado a estos demonios a atacarme y para mi sorpresa era un vecino que vivía no muy lejos de mi casa. Desde entonces supe era un agente del diablo y mediante la oración comencé a aplastar todos sus poderes hasta que fue derrotado definitivamente.

Este es el impacto de los sueños, el sueño que yo tuve era un ataque espiritual real, donde el enemigo pretendía imponerse sobre mí, Pero por la gracia de Dios, una vez más fracasó. Todas estas fuerzas del diablo están condenadas a fracasar en la vida de los hijos de Dios, pero debemos tener entendimiento y aplicar la victoria de Cristo sobre la fanfarrona y miserable obra del diablo, que el señor lo reprenda en el nombre de Jesucristo.

ORACIONES CONTRA LOS SUEÑOS CON SERPIENTES

En el nombre de Jesucristo, proclamo la sangre de Jesucristo sobre mi vida y sobre toda mi familia. Amén

En el nombre de Jesucristo, por la espada del Espíritu Santo corto la cabeza de toda serpiente enviada para robar, matar y destruir. Por la espada del Espíritu Santo destruyo toda fuerza de serpiente, arruino todos sus planes, y derribo todas sus obras, ahora por el fuego del Espíritu Santo echo fuera y destruyo toda fuerza de serpiente que persigue mi vida y mi familia en el nombre de Jesucristo. Amén

En el nombre del Yo soy que se manifestó a Moisés
En el nombre de Jesucristo, por la vara de Dios, toda serpiente que combate mi vida es devorada y quemada por el fuego de Dios en el nombre de Jesucristo. Amén

En el nombre de Jesucristo, piso y aplasto toda serpiente que se opone a mi avance profético, destruyo la fuerza de toda serpiente espiritual que combate mi realización y mi progreso, por el fuego del Espíritu Santo destruyo toda serpiente que combate el plan de Dios en mi vida, en el nombre de Jesucristo. Amén

Por el fuego de Dios arranco de mis talones a toda serpiente que ha sido lanzada para atar mis talones con el fin de limitar mi vida, arranco y derribo esta serpiente por el fuego del Espíritu Santo en el nombre de Jesucristo. Amén

Con espada ardiendo en fuego, corto la cabeza de toda serpiente que trabaja para manipular mi destino en el nombre de Jesucristo. Amén

Cierro todas las puertas que mis enemigos han utilizado para atacarme con serpientes en mis sueños, cierro estas puertas por la sangre de Jesucristo y declaro que, por el poder de resurrección de Cristo, ninguna serpiente puede tocarme ni atacarme en el nombre de Jesucristo. Amén

Señor dame discernimiento y hazme reconocer las manipulaciones de estos espíritus, no permitas que yo fracase en tu plan, no permitas que me desvíe de tu visión, hazme permanecer en tu dirección, en el nombre de Jesucristo. Amén

En el nombre de Jesucristo, por la espada del Espíritu Santo corto la cabeza de toda serpiente enviada para robar, matar y destruir. Por la espada del Espíritu Santo destruyo toda fuerza de serpiente, arruino todos sus planes, y derribo todas sus obras, ahora por el fuego del Espíritu Santo echo fuera y destruyo toda fuerza de serpiente que persigue mi vida y mi familia en el nombre de Jesucristo. Amén

En el nombre de Jesucristo, piso y aplasto toda serpiente que se opone a mi avance profético, destruyo la fuerza de toda serpiente espiritual que combate mi realización y mi progreso, por el fuego del Espíritu Santo destruyo toda serpiente que combate el plan de Dios en mi vida, en el nombre de Jesucristo. Amén

Por el fuego de Dios arranco de mis talones a toda serpiente que ha sido lanzada para atar mis talones con el fin de limitar mi vida, arranco y derribo esta serpiente por el fuego del Espíritu Santo en el nombre de Jesucristo. Amén

EL JUSTO VIVE CONFIADO COMO UN LEÓN
PROVERBIOS 28:1

PROFETA ROMEO

LOS SUEÑOS CON PERROS

Los sueños con perros representan las persecuciones de los malvados, son problemas que el enemigo envía desde las tinieblas para intimidar, oprimir y destruir. Este tipo de sueños es el inicio de problemas. Las personas que sueñan con perros persiguiéndoles, si no oran fuertemente contra estos sueños, comenzarán a experimentar traiciones y persecuciones de parte de sus seres queridos y de personas de confianza. Otra de las circunstancias que sufren es el rechazo a nivel profesional, y una gran oposición en todas sus actividades.

Cuando alguien en sus sueños es mordido o atacado por un perro debe comenzar a orar y a tomar medidas de prudencia, porque una trampa ha sido preparada contra su vida y normalmente de parte de alguien en quien confía. Es una clase de sueños que antecede eventos peligrosos y traiciones muy destructivas. Luego está el tercer aspecto de este tipo de sueños y al mismo tiempo el caso más común, que son las persecuciones de perros en manadas o solitarios como representación de la persecución de la brujería. Los brujos con gran frecuencia toman esta forma para atacar y destruir a las personas. Normalmente los brujos utilizan esta clase de ataque contra personas que se encuentran en un gran avance personal, o que están a punto de dar un gran salto de avance y crecimiento espiritual y profesional, es decir personas que están progresando. Los brujos toman diferentes formas espiritualmente según el tipo de actividad que van a desempeñar y una de las que toman para perseguir y alcanzar a las personas es la forma de perro. Una de las señales de que los brujos están persiguiendo a alguien mediante la forma de perros, es cuando periódicamente todo cuanto se ha logrado se pierde siempre así sin más. Siempre llega como un evento que hace, que la persona lo pierda todo. Esta es una señal de que una fuerza de la brujería se está utilizando para atacar. Los hijos del diablo asechan para destruir cualquier forma de felicidad y avance.

Vienen como perros para rodear y dominar las vidas de los demás a fin de que nada puedan lograr, y si lograron algún tipo de avance lo perderán todo de repente, debemos levantarnos en la oración fuertemente contra estos ataques.

> Volverán a la tarde, ladrarán como perros,
> Y rodearán la ciudad.
>
> **SALMOS 59:6**

Pero debemos orar contra esta fuerza del diablo, Dios nos dará siempre una victoria total sobre estos ataques del enemigo. No debemos ignorar estos sueños, ni tomarlos a la ligera porque pueden impactar muy negativamente contra nosotros si somos negligentes o si simplemente los restamos importancia. Debemos orar fervientemente contra este tipo de sueños para impedir que se conviertan en realidades materializadas en nuestra dimensión física y visible, pero aún si ya se han manifestado, podemos destruirlos mediante la oración de fuego y de poder en el nombre de Jesucristo. El salmista David experimentó muchos de estos ataques, y sólo venció mediante la oración.

> Libra de la espada mi alma,
> Del poder del perro mi vida.
>
> SALMOS 22:20

Esta fuerza de persecuciones satánica con forma de perros normalmente comienza a operar desde las doce de la noche. Muchas veces por medio del discernimiento, a partir de las doce de la noche comenzaba a escuchar cómo los brujos se movían por mi barrio para destruir a las personas, pero en cuanto comenzaba a orar contra ellos, el poder de Dios descendía para aplastarlos. Vivo en un piso muy alto, en el piso más elevado del edificio y todavía recuerdo una noche casi por la media noche, durante un verano. Tenía la ventana del salón abierta y estaba con mi esposa, al alzar mi mirada vi un perro negro encima del tejado del último piso de un edificio cercano al nuestro, llamé a mi esposa y comenzamos a orar contra este ataque y el perro desapareció ante nuestros ojos. Este era un brujo que tomó esta forma para ir a atacar a alguien, pero por la gracia de Dios pudimos verlo y su plan fue interrumpido y destruido en el nombre de Jesucristo.

Pues esa es la manera en la que los agentes de las tinieblas muchas veces vienen en espíritu a atacar a las personas mientras duermen, y las personas comienzan a soñarlo porque, aunque están dormidas, el espíritu no duerme y es el que percibe todas las cosas que suceden en el ámbito espiritual. Debida a esta razón los sueños no son ningún juego, son realidades espirituales preparadas para manifestarse en la esfera material y física. Por eso a veces sin más la gente comienza a experimentar situaciones desagradables, y se les dice que son ataques del enemigo y que Dios les ayudará. Pero por medio de este libro Dios nos lleva a un entendimiento más claro, profundo sobre cómo hacer frente a estos ataques del enemigo. Porque la victoria está en nosotros por medio del Espíritu de Dios, el Espíritu Santo.

Comencemos a orar contra estos sueños, y siempre los venceremos en el nombre de Jesucristo. Amén

ORACIONES CONTRA LOS SUEÑOS DE PERSECUCIONES DE PERROS

En el nombre de Jesucristo destruyo todo poder de persecución de la brujería, por el fuego de Dios quebranto todo ataque de perro espiritual, quebranto sus dientes, destruyo sus garras y destruyo sus planes en el poderoso nombre de Jesucristo. Amén

Padre, Dios todopoderoso envía a tu ángel a acampar alrededor de mi vida y de mi familia. Líbranos del poder de los perros, que la espada de tu ángel atraviese los corazones de estos perros, que sus dientes sean quebrantados, que sus voces sean silenciadas, que sean atados ahora y que caigan todos estos poderes, en el nombre de Jesucristo. Amén

Por el fuego de Dios, destruyo toda huella de los perros espirituales, por el fuego de Dios derribo sus vuelos, y arruino todos sus planes, el fuego de Dios los derriba y los quebranto ahora en el nombre de Jesucristo. Amén

Que toda señal de humillación de los perros satánicos sea destruida ahora, destruyo la señal de humillación de sus heces y meados enviados para atraer desgracias, destruyo todas estas señales de cautividad, no tienen dominio sobre mí, no tienen dominio sobre mi familia, en el nombre de Jesucristo. Amén

Por el poder salvador de Cristo, mi vida es librada de la espada del perverso, mi vida es librada de los perros, en el nombre de Jesucristo. Amén

Por el poder salvador de Cristo, mi familia es cubierta por la sangre de Jesucristo y somos libres de toda influencia del ataque de los perros, en el nombre de Jesucristo. Amén

Mi vida no será manipulada por el poder de los perros, arranco de mi destino todas sus manipulaciones, arruino toda imposición de cautividad, derribo todos los planes perversos de los perros espirituales, son heridos con ceguera, son atados y destruidos para siempre en el nombre de Jesucristo. Amén

Envío fuego ahora contra todo vuelo de la brujería, en el nombre de Jesucristo, todos los ataques de perros son derribados, todas las manipulaciones de estas fuerzas son aplastadas en el nombre de Jesucristo. Amén

Mi vida no será confundida por los perros satánicos, sus olores de muerte no dañarán mi progreso, por el fuego del Espíritu Santo destruyo ahora el efecto de todo olor de muerte producido por los perros, y por cualquier otro tipo de forma que la brujería está utilizando contra mí en el nombre de Jesucristo. Amén

En el nombre de Jesucristo ato toda fuerza de persecución de perros, por el fuego de Dios estos poderes caen y son destruidos definitivamente, son confundidos y arruinados, sus reinos perecen quemados en el fuego en el nombre de Jesucristo. Amén

Padre, Dios todopoderoso envía a tu ángel a acampar alrededor de mi vida y de mi familia. Líbranos del poder de los perros, que la espada de tu ángel atraviese los corazones de estos perros, que sus dientes sean quebrantados, que sus voces sean silenciadas, que sean atados ahora y que caigan todos estos poderes, en el nombre de Jesucristo. Amén

Por el fuego de Dios, destruyo toda huella de los perros espirituales, por el fuego de Dios derribo sus vuelos, y arruino todos sus planes, el fuego de Dios los derriba y los quebranta ahora en el nombre de Jesucristo. Amén

Que toda señal de humillación de los perros satánicos sea destruida ahora, destruyo la señal de humillación de heces y meados enviados para atraer desgracias, destruyo todas estas señales de cautividad, no tienen dominio sobre mí, no tienen dominio sobre mi familia, en el nombre de Jesucristo. Amén

Por el poder salvador de Cristo, mi vida es librada de la espada del perverso, mi vida es librada de los perros, en el nombre de Jesucristo. Amén

Por el poder salvador de Cristo, mi familia es cubierta por la sangre de Jesucristo y somos libres de toda influencia del ataque de los perros, en el nombre de Jesucristo. Amén

EL ATAQUE DE LOS SUEÑOS CON LOS MUERTOS

¡Presten mucha atención a estas enseñanzas!

Este es uno de los ataques más engañosos que existen. Los demonios toman la forma de personas que han fallecido para acercarse a las personas y destruirlas con todo tipo de situaciones adversas y desgracias.

Como cristianos debemos ser genuinos en el estudio de las santas escrituras y debemos edificar nuestra fe en la palabra de Dios y no en tradiciones de hombres. Muchas personas siguen pensando que las personas que ya murieron les pueden comunicar mensajes, para advertirles, para ayudarles y todo eso mediante sus sueños. Esto es un engaño de satanás que se disfraza incluso de ángel de luz, pero si estamos fundamentados en la palabra de Dios y tenemos una comunión real con Cristo, satanás no podrá engañarnos.

Los sueños con muertos son uno de los sueños más peligrosos que existen, por el impacto tan negativo que conlleva soñar con personas que han muerto.

Las manifestaciones son muy diversas. Soñar con alguien conocido, un vecino, amigos, etc., que han muerto representa un ataque de muerte a nivel profesional y especialmente contra el área de producción personal. Es decir que es un espíritu de muerte que ha sido lanzado contra el trabajo, los estudios, el matrimonio, etc.

Pero sobre todo es utilizado en el mundo de las tinieblas para atacar las finanzas y el núcleo familiar. Causando escases, miseria, desiertos interminables, frenando así todo tipo de progreso. Cuando alguien tiene un sueño con quien ya murió, debe orar contra dicho sueño a fin de frenar el paso de lo espiritual al mundo físico.

La segunda categoría de este tipo de sueños, son las personas que sueñan con miembros de su familia que han fallecido, es de los más peligroso porque representa un espíritu de muerte que ha sido proyectado para matar literalmente a otros miembros de la familia, puede ser a la misma persona que lo sueña, pero la mayoría de las veces el ataque suele ser para otros miembros de la familia. Son obras diabólicas proyectadas contra las personas desde las tinieblas. Para llevar a cabo este tipo de ataque utilizan las fuerzas de manipulación de realidad física, estas fuerzas principalmente son ramificaciones simultáneas de la brujería, de la hechicería y del satanismo. Todas estas fuerzas tan sólo pueden ser destruidas *por el poder de Jesucristo*. Solamente Cristo salva, pretender resolver estos problemas utilizando otras prácticas ocultistas complicará más las cosas. Solamente en el nombre de Jesucristo y mediante su palabra podemos hallar la salvación en cualquier desafío y condición adversa.

> Y en ningún otro hay salvación; porque no hay otro nombre bajo el cielo, dado a los hombres, en que podamos ser salvos.
>
> **HECHOS 4:12**

Usted no debe temer ante este tipo de sueños, pero tampoco sea negligente, debe orar contra cualquier sueño con muertos, Porque:

Los sueños son realidades espirituales que pretenden manifestarse en la esfera física a fin de convertirse en realidades físicas y permanentes por generaciones.

En tercer lugar, están las personas que sueñan, viéndose muertas, viendo sus entierros o viendo ataúdes. Cuando esto sucede inmediatamente debe levantarse en oración al mismo tiempo que debe buscar liberación, pidiendo a un siervo de Dios que ore por usted. No se haga el valiente subestimando este tipo de sueños, o lo lamentará terriblemente como mínimo.

Todos estos sueños pueden ser interrumpidos y destruidos por el poder de Jesucristo.

Solamente Cristo tiene poder sobre el diablo y sus reinos, y este poder Cristo se lo ha entregado a sus hijos, a sus discípulos. Nosotros tenemos su poder fluyendo desde nuestro interior. Qué gracia tan maravillosa, saber que Dios no nos ha abandonado y que nos ha entregado autoridad sobre las obras del diablo.

He aquí os doy potestad de hollar serpientes y escorpiones, y sobre toda fuerza del enemigo, y nada os dañará.

LUCAS 10:19

HISTORIA DEL PRESIDENTE ABRAHAM LINCOLD

La Historia Relata:

Lincoln tuvo un sueño el 14 de abril de 1865, el día que fue asesinado por John Wilkes Booth. Le dijo a su Gabinete ese día: "En el sueño, fui despertado por un gemido débil procedente de algún lugar cercano. Me levanté, y comencé a buscar el ruido, finalmente encontrando mi camino a la sala este, donde hombres y mujeres estaban envueltos en mantos funerarios. Vi un ataúd en un estrado, y soldados en cada extremo. Un capitán estaba de pie cerca, y me dirigí a él: 'Quién está muerto en la Casa Blanca' dijo: 'El Presidente', es su respuesta, 'fue asesinado por un asesino.' En el ataúd había un cadáver con ropas funerarias, pero el rostro estaba oscurecido.

Este fue el sueño que tuvo Lincoln antes de su muerte, su espíritu percibió esa muerte y se lo hizo saber mediante un sueño. Pero déjenme decirles, que su muerte podía haber sido evitada, si él conociese *los misterios de modificación de las realidades espirituales* que Dios nos enseña en este libro:

Todo sueño de muerte puede ser modificado, destruido o anulado, de la siguiente forma:

Lo primero que hay que hacer ante un sueño de muerte es tomar inmediatamente medidas de precaución y reducir las actividades innecesarias a fin de concentrarse en la oración y prestar atención a la voz de la prudencia y a la voz de sabiduría que Dios nos permitirá recibir por su amor y por su misericordia.

Lo siguiente es dedicar tiempo, a orar fervientemente todos los días contra este evento, pidiendo a Dios su gracia (pero con paz, no hay nada de que temer si Cristo está de nuestro lado) y recordándole sus promesas porque Dios prometió darnos una larga vida, saciada de salvación:

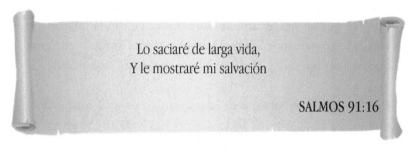

Lo saciaré de larga vida,
Y le mostraré mi salvación

SALMOS 91:16

El tercer aspecto que hay que tratar después que pedir a Dios su gracia, y combatir en la oración contra los espíritus de muerte. Porque son demonios los que están detrás de este asunto, estos miserables seres no tienen nada más que hacer que robar, matar y destruir. Los demonios están día y noche combatiendo para dominar la vida de los hombres, para ello desarrollan todo tipo de tentaciones, distracciones, engaños, confusiones, y destrucciones. Por eso que combatir estas fuerzas es como cortar un árbol maldito desde la raíz.

El cuarto aspecto, es el de las mujeres embarazadas que tienen sueños con personas que ya murieron. Muchas mujeres durante sus embarazos experimentaron ataques con espíritus de muerte. Estando embarazadas soñaron con familiares muertos, y un tiempo después perdieron sus embarazos.

Recuerdo a una señora que me contactó unos años atrás. Tenía una situación terriblemente complicada. Cada vez que se quedaba embarazada comenzaba a soñar con su padre que murió muchos años atrás, y en el sueño su padre atacaba su embarazo, lanzándola piedras y propinándola todo tipo de golpes. Lo más fuerte del asunto es que su padre murió hace años, pero cada vez que ella se quedaba embarazada un espíritu de muerte venía a combatirla. En una de estas ocasiones llegó a tener el embarazo durante los nueve meses, pero constantemente tenía el mismo sueño y el día del parto su bebe nació muerto. A causa del dolor prácticamente esta mujer perdió la cabeza y se volvió loca, pero por la gracia de Dios tenía amigas cristianas que oraban por ella y pudo recuperarse de esta situación.

Pasados los años volvió a quedarse embaraza y el mismo tormento inició de nuevo. Todas las noches soñaba con su padre fallecido, que la perseguía con piedras. En esta ocasión una hermana en Cristo la recomendó buscarme, me planteó su problema y durante tres días oré por su liberación por la vía telefónica. Meses después dio a luz un precioso y gordito bebe, para la gloria de Dios. ¡Aleluya!

En otra ocasión otra hermana en Cristo tuvo un sueño terrible. Estando ella embarazada de siete meses por segunda vez, una noche tuvo un sueño en el que se encontraba sentada en la casa familiar de su padre y en la casa entró el hermano de su padre, que había fallecido, en el sueño su tío la dio dos besos y puso sus manos sobre su vientre.

Tras despertarse la hermana de este sueño tan terrible, por miedo y al no saber qué significaba casi se queda en silencio sin pedir ayuda, pero fue valiente y me contactó. Un detalle sorprendente es que después del sueño, el bebé dejó de moverse en su vientre. Cuando escuché el sueño sólo agradecí a Dios por la valentía de la hermana por contarme su sueño, de no haberlo hecho no sé qué habría pasado porque un espíritu de muerte ya había sido lanzado contra su embarazo. Comencé a orar por ella en el poder del Espíritu Santo, destruyendo este ataque tan terrible, después de la oración la di una recomendación profética y para la gloria de Dios su bebe comenzó a moverse de nuevo, meses después dio a luz para la gloria de Dios y todo salió maravillosamente.

Nadie debe subestimar los sueños que tiene mientras duerme y menos todavía los sueños de muerte. Si tienen sueños de este tipo deben ser radicales en orar contra estos sueños, buscando liberación. Nunca tomen otras vías, no se desvíen hacia las curanderías ni hacia las tradiciones humanas. Porque tomando las vías de las tradiciones, las curanderías, la santería o el ocultismo, allí el enemigo les podrá destruir con mucha facilidad, Solamente Jesucristo salva, fuera de Cristo no hay salvación alguna.

Todos los sueños de las tinieblas pueden ser destruidos y anulados para que nunca se cumplan, incluso los sueños de muerte. Por esta razón debemos prestar atención a lo que soñamos y mediante la oración y la prudencia, debemos impedir que los planes de las tinieblas prosperen, las puertas del infierno, de la brujería, de la hechicería, etc. No tienen el derecho legal de prosperar contra los hijos de Dios. Legalmente tenemos el derecho de destruir las tinieblas.

Los sueños de muerte pueden ser aterradores pero una vez que comprendemos estos principios y los ponemos por obra, no podrán cumplirse estos sueños y los planes de las tinieblas fracasarán en el poderoso nombre de Jesucristo.

EL JUSTO VIVE CONFIADO COMO UN LEÓN
PROVERBIOS 28:1

PROFETA ROMEO

ORACIONES CONTRA LOS SUEÑOS DE MUERTE

Alzad, oh puertas, vuestras cabezas,
Y alzaos vosotras, puertas eternas,
Y entrará el Rey de gloria.
¿Quién es este Rey de gloria?
Jehová el fuerte y valiente,
Jehová el poderoso en batalla.
Alzad, oh puertas, vuestras cabezas,
Y alzaos vosotras, puertas eternas,
Y entrará el Rey de gloria.
¿Quién es este Rey de gloria?
Jehová de los ejércitos,
Él es el Rey de la gloria. Selah

SALMOS 24:7-10

En el todopoderoso nombre de Jesucristo desbarato y destruyo todo evento de muerte lanzado contra mi vida, y contra mi familia en el nombre de Jesucristo. Amén

En el todopoderoso nombre de Jesucristo condeno y destruyo toda arma de muerte que ha sido preparada contra mi vida, contra mi familia, contra mi trabajo, contra mi victoria y contra mi avance, en el nombre de Jesucristo. Amén

En el todopoderoso nombre de Jesucristo decreto que fracasan todos los planes de muerte enviados para impedirme experimentar la gloria de Dios en mi vida, en el nombre de Jesucristo. Amén

En el todopoderoso nombre de Jesucristo cancelo toda muerte, reprendo todo olor de muerte y arranco de mí y de mi familia todo velo de muerte, en el nombre de Jesucristo. Amén

Padre en el nombre de Jesucristo, bendito sea tu nombre oh, Padre bondadoso dador de vida en abundancia. Señor te pido que, así como creo en ti conforme a tu palabra, te pido que, desde ahora desde mi interior a mi exterior, desde mi corazón a mi familia, fluyan ríos de aguas vivas, ríos de aguas de sanidad, ríos de aguas de liberación, ríos de aguas de vida nueva, en el nombre de Jesucristo. Amén Amén Amén

En el nombre de Jesucristo mi vida es llena de la gloria de Dios, En el nombre de Jesucristo mi familia y yo somos llenos de vida en abundancia y ningún mal nos alcanza, caen a nuestro lado mil y caen diez mil a nuestra diestra, pero a nosotros no nos alcanza ningún mal
Desde ahora en adelante solamente el bien y la misericordia nos persiguen, la bendición de Jehová y su favor nos rodean como un escudo, hay vida en abundancia en nuestro espíritu, en nuestra alma y todas las áreas de nuestras vidas en el todopoderoso nombre de Jesucristo. Amén Amén Amén

En el nombre de Jesucristo ato y derribo todo espíritu de muerte, en el nombre de Jesucristo. Amén

En el nombre de Jesucristo ato, desarmo y envío al abismo a todo espíritu de muerte enviado contra mi vida, contra mi familia y contra nuestro progreso y avance, en el nombre de Jesucristo. Amén

Por el fuego de Dios destruyo toda fuerza de muerte enviada contra nosotros como una sombra de fracaso y de retraso en el nombre de Jesucristo. Amén

Por el fuego de Dios, destruyo todo hechizo enterrado para causar muerte en todos mis pasos y esfuerzos, en el nombre de Jesucristo. Amén

Por el fuego de Dios, todo vigilante y verdugo espiritual de muerte es atado ahora y enviado al abismo en el nombre de Jesucristo. Amén

Proclamo vida en abundancia sobre mí
Proclamo vida en abundancia en mi destino
Proclamo vida en abundancia en mi hogar
Proclamo vida en abundancia en mi familia
Proclamo vida en mi abundancia en el nombre de Jesucristo. Amén Amén Amén

En el nombre de Jesucristo profetizo que el Espíritu de Dios, sopla vida de los cuatro vientos sobre mí

En el nombre de Jesucristo profetizo que sopla vida de los cuatro vientos sobre mi familia

En el nombre de Jesucristo profetizo que sopla vida de los cuatro vientos a favor de todos mis pasos en el nombre de Jesucristo. Amén Amén Amén

Repitan la oración siete veces

EL JUSTO VIVE CONFIADO COMO UN LEÓN
PROVERBIOS 28:1

KAIROS

PROFETA ROMEO

ORACIONES POR SABIDURÍA

Espíritu Santo, Espíritu de Sabiduría revélate a mí, y llévame en las alturas de tu gloria en el nombre de Jesucristo. Amén

Espíritu de Sabiduría y de Poder, manifiéstate en mi corazón y guíame en tu justicia y verdad, en el nombre de Jesucristo. Amén

Oh Espíritu de Dios, despierta en mí el fuego de la oración por tu sabiduría, transforma mi corazón y renueva mi mente con los misterios de tu palabra en el nombre de Jesucristo. Amén

Espíritu de Sabiduría, Espíritu de Inteligencia y de poder concédeme la libertad de fluir con tu poderoso carácter y con tu gracia en el nombre de Jesucristo. Amén

Espíritu Santo revélate a mí con tu sabiduría estratégica y guía mis pasos hacia la victoria en el nombre de Jesucristo. Amén

Padre Nuestro que estas en los cielos, santificado sea tu nombre, venga a nosotros tu reino y hágase tu voluntad en la tierra, en nuestras vidas, en nuestros combates, en nuestros desafíos, en nuestras pruebas, hágase tu voluntad aquí como en el cielo en el nombre de Jesucristo. Amén Amén Amén

Padre visítame con tu alianza de sabiduría, y concédeme la gracia de la revelación de tu Espíritu de Sabiduría para que pueda cumplir tu propósito en mi vida y en la vida de tus hijos en el nombre de Jesucristo. Amén

Mi corazón es liberado de la necedad, mi corazón es separado de la torpeza, mi corazón es limpiado y santificado en el nombre de Jesucristo. Amén

En el nombre de Jesucristo ato y echo fuera al espíritu de necedad y de confusión que pretende manipular mi corazón y mi mente en el nombre de Jesucristo. Amén

En el nombre de Jesucristo ato y derroto al espíritu de rebelión que impulsa a los hombres a la humillación y a la derrota, en el nombre de Jesucristo. Amén

En el nombre de Jesucristo, por el fuego del Espíritu Santo echo fuera de mi ser toda necedad que se filtró en mi vida para hacerme fracasar en el nombre de Jesucristo. Amén

Padre de gloria y de poder, concédeme la gracia de recibir tu sabiduría, me humillo ante ti Dios todopoderoso, levántame en victoria y poder en el nombre de Jesucristo. Amén

Padre celestial derrame sobre mí tu Espíritu de Sabiduría para pueda fluir en tu plan y en tu propósito sin fracaso alguno, te lo pido en el nombre de Jesucristo. Amén

Espíritu de Sabiduría y de poder manifiéstate y revélate a mi corazón, a mi mente y mi vida en el nombre de Jesucristo. Amén

Espíritu de sabiduría y de inteligencia tú que gobiernas desde el principio manifiéstate y revélate a mí, dame la estrategia para vencer en mis pruebas, desafíos, persecuciones y tentaciones en el nombre de Jesucristo. Amén

Por el poder de Cristo, el Espíritu de Sabiduría y de poder me es revelado para que glorifique a Dios en el nombre de Jesucristo. Amén

Por el poder de Cristo, el Espíritu de consejo y de inteligencia me es revelado para que sea aumentada la gloria de Dios en mi vida, y para sea un instrumento de justicia, de vida y de verdad, en el nombre de Jesucristo. Amén

La sabiduría de Cristo se manifiesta en mi corazón y me hace libre, el Espíritu de Sabiduría viene sobre mí, el Espíritu de Poder me da la victoria en el nombre de Jesucristo. Amén

En el nombre de Jesucristo recibo la sabiduría de gloria, recibo sabiduría de vida en abundancia, recibo sabiduría de poder y de victoria por la gracia de Dios y su misericordia, en el nombre de Jesucristo. Amén

En el nombre de Jesucristo recibo sabiduría que libera, recibo sabiduría que ilumina, recibo sabiduría que sana, recibo la sabiduría del amor, por la gracia de Dios en el nombre de Jesucristo. Amén

Recibo la sabiduría que restaura, recibo la sabiduría de Dios que trae resurrección a mi destino en el nombre de Jesucristo. Amén

Por el poder de Cristo, recibo la sabiduría que trae perdón y liberación a mi corazón y a mi alma en el nombre de Jesucristo. Amén

Por el poder de Cristo, recibo la sabiduría que trae sanidad y restauración a mi corazón y a mi destino en el nombre de Jesucristo. Amén

ORACIONES PARA RECIBIR LA GRACIA Y EL PODER DE DIOS

Padre de gracia y poder, alabado sea tu nombre, bendito sea tu reino y exaltado sea tu nombre en el nombre de Jesucristo. Amén

Por la fe, recibo en mi corazón y en mi vida la gracia de la salvación de Cristo en el nombre de Jesucristo. Amén

Me acerco al trono de la gracia, padre ten misericordia de mí, derrama sobre mí la gracia oportuna para este tiempo de mi vida, derrama sobre mí la gracia oportuna para todo desafío que estoy enfrentando, derrama sobre mí tu gracia que trae el poder correspondiente a mis combates, te lo pido en el nombre de Jesucristo. Amén Amén Amén

Padre ten misericordia de mí, y concédeme la gracia para vencer la tentación, concédeme la gracia para vencer el desánimo, concédeme la gracia para vencer la persecución, en el nombre de Jesucristo. Amén

Padre, tu gracia es más que suficiente, por tu gracia derrama tu poder de perfección sobre mi vida, para que tenga la victoria, y no la derrota. Derrama tu poder de perfección sobre mí para que tenga sabiduría, derrama tu poder de perfección sobre mí para que prospere y tenga éxito en tu plan, en el nombre de Jesucristo. Amén Amén Amén

Señor, ten misericordia de mí, concédeme la gracia que trae el favor, derrama sobre mí la gracia que favorece, la gracia que abre puertas, la gracia que trae éxito, la gracia que trae elevación en el nombre de Jesucristo. Amén Amén Amén

Padre dame más gracia, dame gracia en la oración, gracia en la meditación de tu palabra, gracia para vencer, gracia para avanzar, gracia para prosperar, gracia para tener el poder correspondiente a este tiempo de mi vida, en el nombre de Jesucristo. Amén

Padre dame más gracia, dame gracia en la oración, gracia en la meditación de tu palabra, gracia para vencer, gracia para avanzar, gracia para prosperar, gracia para tener el poder correspondiente a este tiempo de mi vida, en el nombre de Jesucristo. Amén

Por la fe, recibo en mi corazón y en mi vida la gracia de la salvación de Cristo que produce gloria en abundancia en mi destino en el nombre de Jesucristo. Amén

EL ESFUERZO Y LA VALENTÍA

E l esfuerzo es una cualidad de poder, es la capacidad de reproducir la fuerza de forma constante y creciente, el esfuerzo le da a la fuerza la posibilidad de expandirse y de perfeccionarse hasta llegar a niveles óptimos de poder. Pero debe ser acompañado de la valentía, porque muchos fuertes huyeron ante los desafíos más aterradores. El ejército de Israel fue frenado durante cuarenta días por Goliat, en el tiempo del rey Saúl. Ellos eran fuertes, pero no eran suficientemente valientes. Hasta que llegó David, un joven aparentemente débil e inexperto en la guerra, pero fuerte en fe y lleno de valentía.

La fuerza sin valentía es como una espada sin filo, es decir que las personas fuertes pueden empezar grandes travesías para lograr objetivos y metas impresionantes, y seguramente lleguen lejos, pero por falta de valentía no podrán terminar con lo que iniciaron.

La falta de valentía es una puerta de perdición que incluso puede perturbar la salvación de los hijos de Dios, los cobardes no heredarán el reino de Dios.

Pero los cobardes e incrédulos, los abominables y homicidas, los fornicarios y hechiceros, los idólatras y todos los mentirosos tendrán su parte en el lago que arde con fuego y azufre, que es la muerte segunda.

APOCALIPSIS 21:8

La falta de valentía produce cobardía y la cobardía engendra incredulidad y sin fe es imposible agradar a Dios. Por eso muchos cobardes niegan a Cristo, y también son negados por Cristo. ¿Pero si Cristo nos niega quién podrá salvarnos?, este es el gran peligro que conlleva la cobardía.

> Y a cualquiera que me niegue delante de los hombres, yo también le negaré delante de mi Padre que está en los cielos.
>
> MATEO 10:33

Los cobardes abandonan sus combates porque no ven por encima de sus desafíos, porque la cobardía no les permite enfocarse en Dios y en su poder.

Hace falta ser esforzados y muy valientes para creer en las promesas de Dios hasta el final. Muchas personas han perdido meses de esfuerzo y de oración porque se volvieron incrédulos y cobardes, comenzando a temer, dejaron de creer.

Una de las condiciones necesarias para que tengamos una vida llena de la gloria de Dios, es que nos esforcemos en cumplir con el plan personal de Dios para nuestras vidas y que seamos valientes en guardar la palabra de Dios en cualquier circunstancia y temporada. Porque en el camino de la realización o cumplimiento de una visión, el enemigo juega mucho con la intimidación con el fin de causar inseguridades, miedos y confusiones a los hijos de Dios. Pero en este momento debemos sacar la espada afilada de la valentía, para partir la montaña del miedo y de la inseguridad por la mitad.

La valentía nos da la oportunidad de ver a Dios manifestarse en una expresión mayor de poder y gloria, porque *los desafíos nunca vistos necesitan manifestaciones de Dios nunca vis-*

tas, por lo tanto, no temamos y creamos con nuestro esfuerzo afilado por la valentía, y veremos siempre la fidelidad de Dios corresponder a nuestro esfuerzo y a nuestra valentía.

Dios sabe lo importante que es que nos esforcemos y que seamos valientes, porque Dios mediante el esfuerzo nos da la victoria, pero mediante la valentía muestra su gloria a través de nuestras victorias.

Para tener una vida de impacto, debemos tener victorias de impacto contra las adversidades y desafíos que se oponen a nuestra visión y al plan de Dios.

Por eso era tan importante que Josué fuese esforzado y valiente para cumplir con el plan de Dios.

6 Esfuérzate y sé valiente; porque tú repartirás a este pueblo por heredad la tierra de la cual juré a sus padres que la daría a ellos.

7 Solamente esfuérzate y sé muy valiente, para cuidar de hacer conforme a toda la ley que mi siervo Moisés te mandó; no te apartes de ella ni a diestra ni a siniestra, para que seas prosperado en todas las cosas que emprendas.

8 Nunca se apartará de tu boca este libro de la ley, sino que de día y de noche meditarás en él, para que guardes y hagas conforme a todo lo que en él está escrito; porque entonces harás prosperar tu camino, y todo te saldrá bien.

9 Mira que te mando que te esfuerces y seas valiente; no temas ni desmayes, porque Jehová tu Dios estará contigo en dondequiera que vayas.

JOSUÉ 1:6-9

Debemos aplicar la valentía y el esfuerzo en todas las áreas de nuestras vidas:

Debemos ser esforzados y valientes en trabajar en la visión, objetivos y metas que Dios nos ha asignado. Porque, aunque muchas veces parezcan personales, en verdad en demasiadas ocasiones Dios comunica su visión mediante nuestros corazones en forma de deseos, objetivos, sueños y metas.

Debemos ser esforzados y valientes en estudiar la palabra de Dios y en mejorar constantemente nuestra relación con Dios, buscándole de todo corazón, de este modo creceremos en el conocimiento y en la manifestación de su gloria.

Debemos ser esforzados y valientes en meditar la palabra de Dios, día y noche. Meditar la palabra de Dios recarga nuestro espíritu con la revelación de la palabra de Dios y esta revelación nos permite crecer en la autoridad, sabiduría, poder y en la identidad de Cristo.

Debemos ser esforzados y valientes ante los desafíos, adversidades, persecuciones, rechazos, cuando somos incomprendidos por los demás, cuando todo parece perdido, cuando parece que Dios nos ignora y que parece que no escucha nuestras oraciones o que no está con nosotros, Etc. En estos momentos debemos ser esforzados y valientes en depender únicamente de las promesas de Dios y en agarrarnos de su palabra, indiferentemente de cómo nos sintamos debemos seguir esforzándonos en confiar en la palabra de Dios siendo valientes en creer y confesar sus promesas en nuestras vidas, orando hasta que nuestra paz sea restablecida, porque una vez que nuestra paz y nuestro gozo son restablecidos será cuestión de tiempo que todo en nuestro exterior sea ordenado por la gloria de Dios que es derramada después de cada victoria.

Somos transformados y llevados a una gloria mayor después de cada desafío, adversidad o prueba, por esta razón debemos ser esforzados y valientes.

18 Por tanto, nosotros todos, mirando a cara descubierta como en un espejo la gloria del Señor, somos transformados de gloria en gloria en la misma imagen, como por el Espíritu del Señor.

2 CORINTIOS 3:18

Por otra parte, es necesario romper el mito de esperar a que las cosas se hagan solas. Demasiados cristianos están anestesiados por un espíritu de pereza y de cobardía, disfrazados de una falsa fe y piensan que las cosas se harán solas en un determinado tiempo, esto es un fatal error. No trabajan para el cumplimiento del plan de Dios y con esta actitud retrasan sus propios destinos.

Cuando Dios creó a Adán directamente le dio una obra, un trabajo.

15 Tomó, pues, Jehová Dios al hombre, y lo puso en el huerto de Edén, para que lo labrara y lo guardase.

GÉNESIS 2:15

> *Porque el trabajo forma parte del carácter de Dios, por lo que es una las formas que Dios tiene para manifestar su gloria y su poder. El señor Jesús lo dejó muy claro:*
>
> *Pero Jesús respondió: «Mi Padre siempre trabaja, y yo también».*
>
> **JUAN 5:17**

Demasiadas personas permanecen en la miseria y en la pobreza por perezosos, vagos y cobardes. Siempre tienen una excusa para no luchar por sus sueños y metas. El final de todo es que son ridiculizados por el espíritu de la pobreza espiritual, mental y material.

Dios no vendrá a hacer en nuestro lugar, lo que a nosotros nos corresponde hacer.

La pereza es la representante de la pobreza, los dos van de la mano. Los dos son manifestaciones diabólicas.

Hay otro gran número de personas que solamente oran, pero no se esfuerzan en nada, no se esfuerzan en trabajar. Esto no da resultados válidos, porque la fe sin obras está muerta.

La pereza trae perdición y muchas aflicciones innecesarias. Los perezosos son codiciosos, y al final se vuelven envidiosos de todo lo que los demás están logrando.

25 La codicia del perezoso lo lleva a la muerte,
porque sus manos se niegan a trabajar;
26 todo el día se lo pasa codiciando,
pero el justo da con generosidad.

PROVERBIOS 21:25-26

Los perezosos atraen la pobreza, porque se niegan a servir a Dios con sus fuerzas y talentos. Esto después se convierte en una maldición que destruye todo a su paso, como la sequilla que deja seca aún al campo más fértil. Como hijos de Dios debemos huir de la pereza como quien huye del pecado, porque la pereza es pecado.

Demasiados cristianos se mantienen en el mismo punto, sin crecimiento ni avance, esperando que Dios venga a hacerlo todo. Esto no es así, Dios trabaja con nuestra fe y con nuestros esfuerzos.

La pereza da lugar a demonios de destrucción, nadie puede experimentar la gloria de Dios, si ama la pereza.

30 Pasé junto a la heredad del hombre perezoso, Y junto
á la viña del hombre falto de entendimiento;
31 Y he aquí que por toda ella habían ya crecido espinas,
Ortigas habían ya cubierto su haz, Y su cerca de piedra
estaba ya destruida.
32 Y yo miré, y puse lo en mi corazón: Vi lo, y tomé consejo.
33 Un poco de sueño, cabeceando otro poco, Poniendo
mano sobre mano otro poco para dormir;
34 Así vendrá como caminante tu necesidad, Y tu pobreza como hombre de escudo.

PROVERBIOS 24:30-34

La pereza es un hábito de autodestrucción, que castiga a todos
sus amantes con vidas confusas de extrema necesidad.
En lugar de ser perezosos seamos esforzados y valientes, porque
las manos del perezosos y negligente siempre serán empobre-
cidas, pero las manos del diligente siempre prosperarán y su
corazón tendrá paz.

4 La mano negligente empobrece;
Mas la mano de los diligentes enriquece.
5 El que recoge en el verano es hombre entendido;
El que duerme en el tiempo de la siega es hijo que
avergüenza.

PROVERBIOS 10:4-5

Uno de los requisitos para que experimentemos una vida de victoria, de poder y de gloria es que seamos esforzados y valientes. Porque sin esfuerzo no habrá cambio, pero sin valentía, no podremos crecer. Debemos medir nuestros esfuerzos y nuestra valentía, y cada día debemos pedirle al Señor su gracia para que siempre seamos capacitados con fuerzas nuevas para cumplir el plan del Altísimo.

Es tan satisfactorio acabar un día sabiendo que nos hemos esforzado al máximo, porque todo esfuerzo trae su galardón.

Todos los hombres y mujeres con los que Dios hace grandes cosas son personas esforzadas y valientes. Muchas veces estas personas comenzaron siendo tímidas, pero la fe los llevó a experimentar cambios poderosos, a través de los que vencieron y celebraron grandes victorias en el nombre de Jesucristo.

> No temas, porque estoy contigo; no desmayes, porque yo soy tu Dios que te esfuerzo; siempre te ayudaré, siempre te sustentaré con la diestra de mi justicia.
>
> **ISAÍAS 41:10**

El esfuerzo y la valentía nos permiten recibir la intervención de Dios y su favor sobre nosotros. Pero si somos vagos ¿cómo se cumplirá esta promesa?, decidamos desde ahora ser libres de la pereza mediante una vida de dedicación y esfuerzo. Porque de este modo podremos vencer siempre y veremos nuestro destino cumplirse conforme los planes de Dios.

ORACIONES CONTRA LA PEREZA

Señor renueva mi enfoque, renueva mi visión, renuévame en el nombre de Jesucristo. Amén

Por el poder de Cristo, rompo y anulo toda fuerza de pereza proyectada contra mi alma, anulo todo pacto inconsciente con la pereza, la cobardía y la pobreza en el nombre de Jesucristo. Amén

Por el fuego de Dios destruyo toda ligadura de desánimo enviada para agotar mis fuerzas en el nombre de Jesucristo. Amén
Por la vara de Dios, toda vara de esclavitud y de pesadez es destruida ahora en el nombre de Jesucristo. Amén

Echo fuera de mí, todo peso y carga de pereza, por el fuego de Dios derribo toda pereza en el nombre de Jesucristo. Amén

Padre de gloria y de poder, concédeme tu gracia y renueva mis fuerzas para que sea valiente y esforzado/a en el nombre de Jesucristo. Amén

Ato y reprendo toda pereza escondida detrás del desanimo, la tristeza, la duda y el miedo en el nombre de Jesucristo. Amén

Ato y reprendo toda pereza y cobardía enviadas para impedirme cumplir con mi destino, en el nombre de Jesucristo. Amén

En el nombre de Jesucristo derribo todo altar, que combate

mis fuerzas y mi avance, por el fuego del Espíritu Santo, en el nombre de Jesucristo. Amén

En el nombre de Jesucristo renuncio a la pereza, renuncio a la incredulidad, renuncio al miedo, en el nombre de Jesucristo. Amén
Confieso y creo que tengo fuerzas nuevas para luchar y avanzar Creo y confieso que tengo gozo y paz para perseverar hasta vencer en cada desafío en el nombre de Jesucristo. Amén

Creo y confieso que, por el poder de Cristo, no temeré, sino que hay valentía en mí para deshacer todas las manipulaciones del enemigo en mi conquista de victoria y de poder en el nombre de Jesucristo. Amén

Por el poder de Dios, mis fuerzas son multiplicadas como las del búfalo y mi visión es renovada como las del águila en el nombre de Jesucristo. Amén

Me levanto con fuerzas nuevas, y derribo toda fuerza de pereza que pretende robar mi luz, arruino la pereza por el fuego del Espíritu Santo, destruyo el desánimo y rompo toda cárcel de manipulación, soy libre, soy fuerte, soy valiente en el nombre de Jesucristo. Amén

EL ATAQUE DE LOS INTER-CAMBIOS ESPIRITUALES DE CARAS CON VELOS MÁGICOS

E l rostro de cada persona es la huella dactilar del destino y es la identidad del alma.

Es el aspecto más característico y determinante de toda persona.

Mediante el rostro podemos reflejar mayores niveles de gloria e imparticiones de poder. Como sucedió en el caso de Moisés que, tras estar en la presencia de Dios, al descender su rostro brillaba por la gloria de Dios sobre él, pero especialmente esta gloria se reflejó en su rostro. Como señal de una mayor revelación de la gloria de Dios y como señal de una mayor autoridad sobre el pueblo de Israel.

Todas las personas nacen con un brillo que es más pronunciado sobre sus rostros, pero una vez que entregamos nuestra vida a Cristo pasamos que cargar con un brillo a ser la luz del mundo. Cuando entregamos nuestra vida a Cristo, pasamos a ser luz que alumbra a los perdidos en este tenebroso mundo.

29 Y aconteció que descendiendo Moisés del monte Sinaí con las dos tablas del testimonio en su mano, al descender del monte, no sabía Moisés que la piel de su rostro resplandecía, después que hubo hablado con Dios.
30 Y Aarón y todos los hijos de Israel miraron a Moisés, y he aquí la piel de su rostro era resplandeciente; y tuvieron miedo de acercarse a él.

ÉXODO 34:29-30

El enemigo detesta que los hijos de Dios seamos llenos de la gloria de Dios y que nuestros rostros reflejen el rostro de Dios. Porque esta gloria en nuestros rostros es como una llave que abre todas las puertas y nos permite ser favorecidos y ser exitosos en todo lo que hagamos.

Por esta causa el enemigo ataca espiritualmente los rostros de los hijos de Dios, utiliza el ataque de los velos mágicos para intercambiar sus rostros, y poner sobre ellos señales de humillación, rechazo, pobreza, ruina, etc.

Este fue uno de los errores que hizo Moisés, que se cubría con un velo para poder hablar con el pueblo.

> 33 En cuanto Moisés terminó de hablar con ellos, se cubrió el rostro con un velo. 34 Siempre que entraba a la presencia del Señor para hablar con él, se quitaba el velo mientras no salía. Al salir, les comunicaba a los israelitas lo que el Señor le había ordenado decir. 35 Y como los israelitas veían que su rostro resplandecía, Moisés se cubría de nuevo el rostro, hasta que entraba a hablar otra vez con el Señor.
>
> ÉXODO 34:33-35

El enemigo utiliza este principio para tapar los rostros de los hijos de Dios, utilizando velos mágicos. Pero este ataque es un ataque enviado mediante la brujería, para manipular los destinos y frenar la vida de las personas, imponiendo contra los inocentes todo tipo de desgracias y aflicciones diabólicas.

A través de los velos mágicos roban la vida de gloria de muchas personas, porque una vez que han cubierto a alguien con un velo mágico toda maldición que envíen contra dicha persona, se convertirá en una realidad que comenzarán a experimentar.

Una vez que los agentes del diablo consiguen cubrir a alguien con un velo, pueden manifestar autoridad sobre estas víctimas. En el momento en que pronuncian enfermedad, estas personas caen enfermas, cuando pronuncian fracaso, la persona comienza a fracasar en todo lo que haga.

Este es el gran problema de los velos espirituales, que sirven para manipular los destinos de las personas, al punto incluso que han llegado a matar a muchos.

Por eso debemos orar contra estas manipulaciones del enemigo, porque escrito está:
Para esto apareció el hijo de Dios, para deshacer todas las obras
del diablo.

Como hijos de Dios, tenemos derecho de destruir todas las
obras del enemigo, hemos recibido esta autoridad, pero si no
la aplicamos el enemigo tendrá ventaja sobre nosotros.
Dios condenó estos ataques de los velos mágicos con los que estaban
atacando a su pueblo en los tiempos del Profeta Ezequiel.

18 y di: Así ha dicho Jehová el Señor: !!<u>Ay de aquellas
que cosen vendas mágicas para todas las manos, y hacen
velos mágicos para la cabeza de toda edad, ¡para cazar
las almas!</u> ¿Habéis de cazar las almas de mi pueblo, para
mantener así vuestra propia vida?

19 ¿Y habéis de profanarme entre mi pueblo por puñados
de cebada y por pedazos de pan, matando a las personas
que no deben morir, y dando vida a las personas que no
deben vivir, mintiendo a mi pueblo que escucha la mentira?

EZEQUIEL 13:18-19

Recuerdo el testimonio de una joven que acudió a un culto de
formación ministerial que hicimos hace unos años, en verdad
era una joven hermosa pero cuando la vi el señor me mostró
un velo sobre ella Había un manto oscuro cubriendo su rostro,
ella estaba viviendo una vida de rechazo, de limitación y de
humillación que no era en verdad la vida que Dios tenía para
ella. El padre de su hija la abandonó y ella misma empezó a

luchar, pero a pesar de todo había un velo sobre su vida. En el momento en que el señor me lo mostró, fui guiado por Dios a orar por ella, tras la oración el velo se rompió y su estrella comenzó a brillar. Literalmente ella veía un gran destello en su frente, meses después Dios la bendijo con un noviazgo, y a los pocos meses se casaron. Gloria a Dios, cuando antes había estado sufriendo tantas situaciones ahora después de que se rompió el velo de la hechicería, su vida tomó un rumbo de victoria y de realización personal.

Otro testimonio es el de un hermano en Cristo, juró para tener la nacionalidad en el año 2011 y obtuvo su derecho a tener la nacionalidad. Pero había un velo sobre su vida, y todo se bloqueó.

Diez años después en un programa de oración Dios me habló y me dijo de comenzar a hacer oraciones de destrucción contra los velos. A los cuatro días del programa contra los velos el hermano volvió a ir a la policía para buscar una solución a su problema, pero esta vez el velo estaba roto. Al llegar se llevó la sorpresa de su vida, aceptaron su petición y allí mismo le dieron el DNI español junto con el pasaporte.

El problema era un velo espiritual de fracaso y de retraso, pero una vez que Cristo rompió el velo, el hermano pudo recibir una respuesta que Dios le había dado diez años atrás y hoy en 2021 ya tiene su nacionalidad española, pudo abrirse una cuenta bancaria y los más seguro es que ahora está ya trabajando, ya que ahora sí puede trabajar libremente por la gracia de Dios.

Esta es la importancia de combatir los velos del mundo de las tinieblas, porque mediante los velos imponen demasiados sufrimientos y retrasos a los hijos de Dios. Esto no debería ser así, porque ningún velo tiene derecho de retenernos, porque

Cristo Jesús en la cruz quebró aún el velo que nos separaba de Dios. Por lo tanto, el enemigo no tiene ningún derecho sobre nosotros, ningún arma forjada contra nosotros prosperará.

Cuando los velos son quebrados y destruidos, la resurrección tendrá lugar a cada área de nuestras vidas y podremos ir de gloria en gloria, libremente y sin retrasos.

50 Mas Jesús, habiendo otra vez clamado a gran voz, entregó el espíritu.
51 Y he aquí, el velo del templo se rasgó en dos, de arriba abajo; y la tierra tembló, y las rocas se partieron;
52 y se abrieron los sepulcros, y muchos cuerpos de santos que habían dormido, se levantaron;

MATEO 27:50-52

ORACIONES CONTRA LOS VELOS DE LA BRUJERÍA

Profetizo por el poder de Cristo que toda venda mágica ahora es quemada y destruida de mi vida en el nombre de Jesucristo. Amén

En el poderoso nombre de Jesucristo destruyo toda venda mágica y todo lazo de hechicería con el que ataron mi vida, desato mi destino de las manos de los que cosen vendas de la hechicería, corto sus lazos, y destruyo cualquier poder de control que utilizan contra mi destino, En el poderoso nombre de Jesucristo. Amén

Señor libérame de las vendas y de los lazos con los que ataron mi destino, libérame señor, por tu misericordia que mi vida sea restablecida a tu plan original de gloria, en el poderoso nombre de Jesucristo. Amén

Señor libérame de las vendas y de los lazos con los que ataron mi destino, libérame señor, por tu misericordia que mi vida sea restablecida a tu plan original de gloria y que se rompan los yugos de retraso, que se rompan los yugos de limitación, que se rompan los yugos de esclavitud, que se rompan los yugos familiares de retraso, en el poderoso nombre de Jesucristo. Amén

Profetizo por el poder de Cristo que toda venda mágica ahora es quemada y destruida de mi vida en el nombre de Jesucristo. Amén

En el poderoso nombre de Jesucristo destruyo toda venda mágica y todo lazo de hechicería con el que ataron mi vida, desato mi destino de las manos de los que cosen vendas de la hechicería, corto sus lazos, y destruyo cualquier poder de control que utilizan contra mi destino, En el poderoso nombre de Jesucristo. Amén

Por el poder de Cristo arranco de mi mente todo velo colocado para entorpecer mi entendimiento en el nombre de Jesucristo. Amén

En el poderoso nombre de Jesucristo.
Destruyo todo velo de retraso colocado para estancar mi destino. Arranco de mi vida todo velo impuesto para retrasar el cumplimiento de mi destino profético, y proclamo que por la luz de Cristo mi vida, mi destino es liberado ahora en el poderoso nombre de Jesucristo. Amén

En el poderoso nombre de Jesucristo.
Destruyo todo velo de retraso colocado para estancar mi destino. Arranco de mi vida todo velo impuesto para retrasar el cumplimiento de mi destino profético, y proclamo que por la luz de Cristo mi vida, mi destino es liberado ahora en el poderoso nombre de Jesucristo. Amén
En el poderoso nombre de Jesucristo, Por el poder la resurrección destruyo toda piedra impuesta espiritualmente contra mi vida, contra mi familia, contra mi destino, toda piedra de la hechicería utilizada para taparnos es destruida ahora en el poderoso nombre de Jesucristo. Amén
En el poderoso nombre de Jesucristo destruyo toda piedra de limitación colocada para estancar mi destino e impedir que vea la gloria de Dios, en el poderoso nombre de Jesucristo. Amén

En el poderoso nombre de Jesucristo destruyo toda piedra de limitación colocada para estancar mi destino e impedir que vea la gloria de Dios, en el poderoso nombre de Jesucristo. Amén

Por el fuego de Dios destruyo todo velo familiar que retrasa mi vida,
Destruyo todo velo de maldición territorial que combate mi avance
Destruyo todo velo de reclamación del pasado que retrasa el cumplimiento de mi destino, en el poderoso nombre de Jesucristo. Amén

En el poderoso nombre de Jesucristo destruyo toda venda mágica y todo lazo de hechicería con el que ataron mi vida, desato mi destino de las manos de los que cosen vendas de la hechicería, corto sus lazos, y destruyo cualquier poder de control que utilizan contra mi destino, En el poderoso nombre de Jesucristo. Amén

Por el poder de Cristo arranco de mi mente todo velo colocado para entorpecer mi entendimiento en el nombre de Jesucristo. Amén

En el poderoso nombre de Jesucristo destruyo todo velo de retraso colocado para estancar mi destino, arranco de mi vida todo velo impuesto para retrasar el cumplimiento de mi destino profético, y proclamo que por la luz de Cristo mi vida, mi destino es liberado ahora en el poderoso nombre de Jesucristo. Amén

EL JUSTO VIVE CONFIADO COMO UN LEÓN
PROVERBIOS 28:1

KAIROS

PROFETA ROMEO

LOS ATAQUES CONTRA LAS FINANZAS

El enemigo está interesado en que los hijos de Dios estén estancados en todas las áreas y especialmente en el área de las finanzas. Por eso una de las principales estrategias que utiliza es la distracción y la falta de conocimiento revelado, como armas que operan al principio con pasividad, pero al final con terrible agresividad.

El objetivo de la salvación no es que seamos ricos financieramente, pero ser prósperos financieramente también es una gracia que Dios tiene para sus hijos. Uno de los planes más feroces del diablo es que seamos pobres económicamente, Porque para el mundo el dinero es un fin, pero para los hijos de Dios el dinero es un medio. Es un medio que favorece la predicación del evangelio por todas las naciones, es un medio que ayuda a los hijos de Dios a llevar obras de restauración para los más necesitados, es un medio que nos permite poder alcanzar más almas para Cristo. Porque en este mundo nada es gratis, la salvación ha sido pagada por Cristo en la cruz, pero el evangelismo es pagado por sus hijos en la tierra.

Por esta razón el enemigo tiene un gran interés en mantener a los hijos de Dios en la red de la miseria y en el agujero de la ruina económica.

> Porque escudo es la ciencia, y escudo es el dinero; más la sabiduría excede, en que da vida a sus poseedores.
>
> **ECLESIASTÉS 7:12**

Las operaciones de Dios son diversas y los ministerios también son diferentes. No podemos centrar el evangelio de Cristo en la acumulación de bienes, sino más bien en el arrepentimiento, el perdón de pecados y en la salvación de las almas. Pero tampoco podemos aceptar la falta de finanzas como lo correcto, utilizándola como parte de un proceso que nunca termina. Esto es una fortaleza mental de pobreza y de mediocridad que debemos quebrantar en la oración.

Es importante que trabajemos y que tengamos los medios económicos para que abundemos en toda buena obra. Ahora bien, el problema comienza aquí cuando muchos hijos de Dios justos e íntegros son mantenidos por el diablo en cautividad financiera, es decir el enemigo bloquea con alguna astucia sus finanzas. Lamentablemente muchos lo ven como una prueba que terminará en un tiempo, pero cuando pasan los años y la condición sigue siendo la misma o empeora es necesario que nos preguntemos si realmente es Dios el que está detrás de nuestro problema, la mayor parte de las veces Dios no tiene nada que ver.

Mediante la hechicería el enemigo combate las finanzas de los cristianos, les roba y les estanca. Porque al fin y al cabo somos cartas abiertas para las personas que nos observan. Muchos antes de dar sus vidas a Cristo primero observan nuestras vidas.

Una de las maneras en las que el enemigo roba las finanzas de los hijos de Dios, es mediante la falta de conocimiento y de discernimiento.

A continuación, aprenderemos algunas formas en las que el enemigo roba y manipula las finanzas de los hijos de Dios:

¿CÓMO ROBA EL ENEMIGO LAS FINANZAS DE LOS HIJOS DE DIOS?

1) MEDIANTE EL AMOR AL DINERO

Una de las maneras en las que el enemigo roba las finanzas de los hijos de Dios, es mediante el amor al dinero, es decir muchos cristianos son sembradores de escases.

Dan escasamente en la obra de su padre, pudiendo dar abundantemente. El enemigo les engaña para que den migajas en la obra, además con un corazón enojado y después pretender ver la gloria de Dios en sus finanzas.

Muchos dan escasamente en todo lo que tiene que ver con el avance de la obra de Dios, pero después en sus oraciones dicen amarle de todo corazón. Esto es un acto de hipocresía que causa demasiados retrasos. Dios honra a los que le honran.

Debemos colaborar en la obra de Dios conforme a su palabra.

El diablo tiene agentes que se dedican especialmente a promover calumnias y persecuciones contra los siervos de Dios, porque quien combate a los siervos de Dios persigue a Cristo por lo tanto es un espíritu de anticristo. El enemigo también utiliza a muchas personas en el mundo, para atacar los principios financieros de la Biblia. Atacan a los pastores, atacan los diezmos y las ofrendas, pero muchos cristianos llenos de inmadurez prestan atención a estos agentes del enemigo y son enfriados hasta el punto de dejar de dar para la obra de Dios, y esto se convierten a una maldición para estos mismos cristianos, porque se vuelven rebeldes a los principios de Dios.

Mientras que el enemigo tiene a sus propios hijos dando miles de millones para sus obras de maldad, de destrucción y de control del mundo.

Esto no debe ser así, nuestro amor no se mide en lo mucho que digamos que amamos sino en lo mucho que damos, el amor es dar sin reproche.

Cuando damos y sembramos en la obra de Dios, nos conectamos a la gracia financiera necesaria para el cumplimiento de nuestra liberación financiera, y el enemigo lo sabe por esta causa enfría a los cristianos para no dar o para dar mal, pudiendo dar más, dan menos. Esto se convierte en un problema porque Dios no aceptará esta ofrenda, no porque sea pequeña sino porque no es dada con fe y justicia, sino con manipulación y con maldad.

Desde los tiempos bíblicos muchos hijos de Israel eran engañados por el enemigo y pretendían burlarse de Dios, trayendo en su templo solamente sacrificios de animales enfermos y Dios no recibía estas ofrendas, ellos se quedaban sin el galardón y la gracia que el señor tenía para ellos, pero aparte se llevaban un juicio por actuar indignamente hacia el mismo creador.

> 8 Y cuando ofrecéis el animal ciego para el sacrificio, ¿no es malo? Asimismo cuando ofrecéis el cojo o el enfermo, ¿no es malo? Preséntalo, pues, a tu príncipe; ¿acaso se agradará de ti, o le serás acepto? dice Jehová de los ejércitos.
>
> 9 Ahora, pues, orad por el favor de Dios, para que tenga piedad de nosotros. Pero ¿cómo podéis agradarle, si hacéis estas cosas? dice Jehová de los ejércitos.
>
> MALAQUIAS 1:8-9

Por lo tanto, arrepintámonos de todo corazón y comencemos a sembrar en la obra de Dios, mediante nuestra colaboración activa y mediante nuestras ofrendas y diezmos. Mientras nos esforzamos para hacer avanzar la obra de Dios, recibimos su gracia para que prosperemos en todas nuestras obras.

2) MEDIANTE LOS ATAQUES DE LOS MENDIGOS SATANISTAS

Otra manera en la que el enemigo roba las finanzas de los hijos de Dios es mediante la falsa compasión a los mendigos satanistas. No todos, pero gran parte de las personas que vemos en las calles como mendigos son en realidad satanistas disfrazados, buscando finanzas para presentarlo como sacrificios en sus reinos diabólicos.

Aquellos que practican este tipo de brujería saben presentarse ante las personas para manipularles con una fuerte sensación de compasión. Una vez que las personas comienzan a darles dinero, en la noche espiritualmente se desplazan a sus reinos con estas finanzas y los presentan allí como sacrificios y aquí en la tierra las personas a las que les pertenece este dinero comienzan a experimentar todo tipo problemas personales, muertes o extrema escases económica.

Pasan a ser esclavos en el mundo de las tinieblas.

Si realmente usted quiere ayudar a las personas necesitadas, mi consejo es que les compre alimentos frescos, sumos naturales o agua, pero no es conveniente darles su dinero directamente.

Antes de que usted entregue su dinero a alguien, incluso en su familia, debe tomar tiempo para orar y consultar con Dios y si el señor le da paz, debe orar por su dinero antes de darlo. De tal manera que, si dicha persona pretende hacer algo satánico, nada de eso le tocará o directamente el señor les guiará a no darles el dinero.

Recuerdo que un día, vi a un joven sentado frente un supermercado en Madrid, España. Dios me mostró que era un satanista, pero movido a compasión entré en el supermercado, compré algo de comida y un sumo, pero estando dentro del supermercado oré fervientemente por esta comida. Cuando salí, le dije: Te lo doy en el nombre de Jesucristo. Para mi sorpresa el joven me dijo que no, que no quería nada de mi reino, nada que provenga de mí porque no puede aceptar mi oración. Entonces comencé a evangelizarle y me fui.

Pero en la noche él vino a atacarme con un grupo de espíritus, pero Jesucristo nuestro señor estuvo conmigo y vencí durante los tres días del combate espiritual.

Dios me mostró cómo funcionaba la operación de este satanista:

Durante el día este satanista pedía dinero a las personas, pero en la noche a partir de las doce de la noche, él salía espiritualmente de su cuerpo y se iba a las casas de cada uno de los que le habían dado dinero durante el día, porque ponía una señal sobre ellos para localizarles en la noche, se convertían en sus víctimas, les imponía pobreza y se llevaba sus finanzas espiritualmente. Esta operación diabólica duraba desde las doce de la noche a las dos de la noche.

Después buscaba un lugar donde había agua y mediante unos encantamientos accedía a su reino marítimo diabólico. Permanecía allí tres horas y media, desde la dos de la noche hasta las cinco y media de la madrugada. A las cinco y media volvía de nuevo a la tierra en su cuerpo y así todos los días. Este rango de satanistas, son cazadores de destinos y de almas.

En otra ocasión en el cuarto día de un mes, el enemigo intentó robarme mediante un siervo suyo. El cuatro bíblicamente representa equilibrio y estabilidad. Por eso tenemos por ejemplo cuatro puntos cardinales, norte, sur, este y oeste. En el libro de Ezequiel, el profeta Ezequiel pide al Espíritu de Dios que sople vida de los cuatro vientos

> Y me dijo: Profetiza al espíritu, profetiza, hijo de hombre, y di al espíritu: Así ha dicho Jehová el Señor: Espíritu, ven de los cuatro vientos, y sopla sobre estos muertos, y vivirán.
>
> **EZEQUIEL 37:9**

Por esto el enemigo quiso atacarme en el cuarto día para robar mi estabilidad financiera.

Sucedió que un día, me encontré con una señora que me pidió dinero, una anciana blanca de piel, que daba mucha compasión. Pero al mirarla pude discernir algo en ella, y curiosamente decía palabras en un idioma extraño. Dije que no le daba dinero, pero mientras ella se iba me detuve para orar y Dios me dijo: Mírala espiritualmente:

Para mi sorpresa, cuando el señor abrió mis ojos, vi a un hombre dentro de esta mujer.

En realidad, era un brujo disfrazado de anciana para pedir limosnas y sacrificarlas, destruyendo así la prosperidad de las personas.

Por eso debemos orar antes de actuar para que sea Dios mismo el que nos guíe y podamos ser genuinos en su voluntad, porque el enemigo utiliza muchas trampas para atacar a los hijos de Dios y para destruir las finanzas.

3) A TRAVÉS DE LAS MONEDAS POSEÍDAS

Otra de estas trampas, son las monedas que los brujos tiran en el suelo. Siempre son pequeñas monedas llenas de encantamientos, es un dinero espiritual que sirve para intercambiar la prosperidad por la pobreza. Una vez que alguien las recoge en realidad está recogiendo pobreza y todo tipo de prosperidad les es transferido espiritualmente a estos brujos.

Por eso verán que existen colinas sobre todo donde siempre hay monedas, son monedas espirituales poseídas que sirven para sacrificar las finanzas de quienes las recojan.

Recuerdo un día que un hombre fue a comprar uno de nuestros libros en Guinea Ecuatorial, y pagó la cantidad exacta del dinero, del libro de *Oraciones que Destruyen el Reino De las Tinieblas, que les recomiendo.* Pero por la gracia de Dios, siempre le dije al hermano encargado de las ventas que orase por el dinero con el que las personas hacen los pagos, y para sorpresa suya cuando oró por el dinero lo guardó en la guantera del coche, instantes después cuando cogió de nuevo el dinero, el dinero se había reducido a la mitad. Esto significa que la mitad era dinero real y la otra mitad era dinero espiritual satánico. Pero por el fuego de la oración fue destruido y desapareció.

La trampa consistía en que si el hermano mezclaba este dinero con las otras cantidades de dinero que tenía, espiritualmente ellos podrían robar esta prosperidad. Mediante incidentes como robos, perdidas, etc. Pero este buen discípulo e hijo mío aplica mis enseñanzas y pudo darse cuenta de la importancia de la obediencia. Por eso la palabra de Dios dice que oremos siempre, para que seamos guiados siempre por el Espíritu Santo de Dios.

> Porque todos los que son guiados por el Espíritu de Dios, éstos son hijos de Dios.
>
> ROMANOS 8:14

Pero ahora que usted sabe esto, puede orar por su liberación y será libre en el poderoso nombre de Jesucristo. Amén

LOS VELOS DE POBREZA Y DE RETRASO

Es necesario que no seamos ignorantes sobre cómo funciona el reino de Dios, y una vez que tenemos la sabiduría y el conocimiento sobre la manera de operar del reino de Dios, mediante el discernimiento espiritual que Dios nos da, podemos también comprender las operaciones de las tinieblas que combaten el cuerpo de Cristo, y sobre cómo destruirlas en el poderoso nombre de Jesucristo. De esta forma el enemigo no tomará ventaja sobre nosotros, y podremos caminar en la velocidad del tiempo que Dios nos ha entregado, y nada podrá retrasarnos.

> para que Satanás no gane ventaja alguna sobre nosotros; pues no ignoramos sus maquinaciones.
>
> 2 CORINTIOS 2:11

Los velos primeramente afectan negativamente al entendimiento de las personas, perturbándoles y nublándoles el corazón para que no reconozcan la luz de Cristo, se arrepientan y vengan a la salvación y al perdón de sus pecados. Por ello cuando damos realmente nuestra vida a Cristo, hay un velo que es quebrado y podemos pasar de la oscuridad a la luz, de la ceguera espiritual a la visión con propósito celestial, del odio al amor de Cristo. Todo esto y más sucede cuando el velo de la condenación es removido para dar entrada a la gracia de justificación del trono de la gracia del padre celestial. Por esta razón si usted no tiene a Cristo, primeramente, arrepiéntanse. No podrán vencer al enemigo, y mucho menos a sus maquinaciones si ustedes todavía están bajo la condenación del pecado, deben entrarse a Cristo, sólo en Él está la vida porque Él es la vida, es la vida en abundancia, Él es la vida eterna.

Por otra aparte están los velos de la hechicería y de la brujería que son armas de destrucción y de muerte. Consisten en que la persona que es víctima de este tipo de ataques pasa a ser retenida por un tipo de fuerza diabólica que viene sobre su vida a imponer muchos tipos de sufrimientos, desde enfermedades, limitaciones, pobreza extrema, fracasos, en algunos casos hasta la muerte.

Los hechiceros trabajan con demonios, a los que envían en misiones mediante los encantamientos. Mediante los encantamientos los demonios son enviados con misiones específicas de robar, matar y destruir.

Cuando estos hechiceros son pagados o por maldad quieren causar destrucción sobre alguien, una de las primeras cosas que harán será intentar poner velos espirituales sobre dichas personas. Porque una vez que colocan espiritualmente el velo, ahora tienen autoridad de imponer todos los sufrimientos que quieran sobre la persona.

¿Cómo lo hacen?, de muchas maneras, pero principalmente mediante encantamientos hechos después de enterrar algo que tiene que ver con la persona, una prenda de vestir, su dinero, pero sobre todo mediante las fotografías. Una vez que entierran estos objetos ahora proceden a los encantamientos para cubrir con velos, la vida de sus víctimas de la misma manera en que físicamente han podido enterrar sin interrupción algo que les pertenecía.

Cuando consiguen enterrar la foto de un matrimonio, será cuestión de días que este matrimonio comenzará a sufrir los efectos destructivos de los velos de muerte, pobreza y divorcio. Pero todos estos hechiceros deben arrepentirse porque los hechiceros arderán en el lago de fuego ardiente, si no se arrepiente arderán en el infierno por todo el daño causado a sus prójimos aquí en la tierra.

Específicamente combaten las finanzas de las personas, muchas veces mediante velos de pobreza y de retraso. Es decir, literalmente obtuvieron un dinero de la persona. Quizás la misma persona les entregó el dinero a ellos sin conocer su identidad espiritual, en otras ocasiones un familiar envidioso y malvado le lleva el dinero a estos agentes de diablo, sobre todo monedas con el fin de dañar y destruir todo tipo de avance.

Una vez que tienen el dinero de la persona a la que van a atacar comienzan con sus encantamientos y al concluir entierran el dinero. Desde este momento uno o varios demonios son enviados con la misión de velar con pobreza, retraso, fracasos a dichas personas. Es decir: Son demonios que se convierten en guardianes de la pobreza y de la miseria, encargándose de que sus víctimas nunca prosperen en nada. De allí la necesidad de la liberación que solamente Cristo puede darnos, ningún hechicero puede liberar sino todo lo contrario con sus mentiras encierran más aún a las personas en sus cárceles espirituales.

Sólo Jesucristo salva como está escrito:

11 Este Jesús es la piedra reprobada por vosotros los edificadores, la cual ha venido a ser cabeza del ángulo. 12 Y en ningún otro hay salvación; porque no hay otro nombre bajo el cielo, dado a los hombres, en que podamos ser salvos.

HECHOS 4:11-12

En la palabra de Dios nos encontramos en la parábola de los talentos, un ejemplo de un siervo hechicero que trabajaba para que los intereses de su amo no crecieran. En lugar de hacerlos crecer, causó un gran retraso y si su amo no le hubiera echado habría igualmente afectado negativamente a los demás intereses de su amo y habría embrujado a los demás siervos para que comenzasen a ser desleales e infieles, causando con esto el fracaso de su amo. Todo eso porque en lugar de poner a trabajar el dinero de su amo, literalmente le enterró.

24 Pero llegando también el que había recibido un talento, dijo: Señor, te conocía que eres hombre duro, que siegas donde no sembraste y recoges donde no esparciste;

25 por lo cual tuve miedo, y fui y escondí tu talento en la tierra; aquí tienes lo que es tuyo.

26 Respondiendo su señor, le dijo: Siervo malo y negligente, sabías que siego donde no sembré, y que recojo donde no esparcí.

27 Por tanto, debías haber dado mi dinero a los banqueros, y al venir yo, hubiera recibido lo que es mío con los intereses.

28 Quitadle, pues, el talento, y dadlo al que tiene diez talentos.

29 Porque al que tiene, le será dado, y tendrá más; y al que no tiene, aun lo que tiene le será quitado.

30 Y al siervo inútil echadle en las tinieblas de afuera; allí será el lloro y el crujir de dientes.

MATEO 25:24-30

ORACIONES PARA LIBERAR SUS FINANZAS

En el poderoso nombre de Jesucristo, padre me acerco ante ti y te pido perdón por mi negligencia. Perdóname señor, restáurame, libérame y restitúyeme todo cuanto había perdido, te lo pido padre en el nombre de Jesucristo. Amén

En el poderoso nombre de Jesucristo, derribo todo muro espiritual del norte, del sur, del este y del oeste y desato mis finanzas ahora, por el poder de Cristo. Amén

En el poderoso nombre de Jesucristo, por el estruendo de Dios, es destruida toda cárcel que limita mi destino, es destruida toda cárcel que limita mi flujo financiero, por el estruendo del poder de liberación toda cárcel de pobreza es destruida, en el poderoso nombre de Jesucristo. Amén

En el poderoso nombre de Jesucristo, por el poder de liberación de Cristo, todos los cimientos de las cárceles generacionales son destruidos en el poderoso nombre de Jesucristo. Amén

Por el poder de la justicia de Cristo, todo león de maldad que devoraba mis finanzas es atado, sus bocas son cerradas por el ángel de Dios en el poderoso nombre de Jesucristo. Amén

En el poderoso nombre de Jesucristo ordeno ahora que mis finanzas me sean devueltas, multiplicadas por siete, en el poderoso nombre de Jesucristo. Amén

En el poderoso nombre de Jesucristo ordeno ahora que mis finanzas me sean devueltas, multiplicadas por siete, en el poderoso nombre de Jesucristo. Amén

En el poderoso nombre de Jesucristo ordeno que todo espíritu que tragó mis finanzas las vomite ahora en el poderoso nombre de Jesucristo. Amén

En el poderoso nombre de Jesucristo ato y derribo todo fundamento diabólico que habla contra mis finanzas, mis finanzas son liberadas por Cristo, en el poderoso nombre de Jesucristo. Amén

En el poderoso nombre de Jesucristo corto la cabeza de toda serpiente que fue enviada a manipular mis finanzas, por el fuego de Cristo destruyo su dominio y con el calzado de la paz del evangelio de Cristo, aplasto y destruyo su cabeza para siempre en el poderoso nombre de Jesucristo. Amén

En el poderoso nombre de Jesucristo, arranco todo velo que fue impuesto sobre mi destino, destruyo todo velo de retraso que fue colocado contra mi caminar en el plan de Dios, en el poderoso nombre de Jesucristo. Amén

En el poderoso nombre de Jesucristo destruyo todo enterramiento espiritual que fue hecho mediante cualquier objeto que me pertenecía, destruyo el velo que proviene de este enterramiento, lo arranco de mi vida, lo arranco de mi casa y de mi familia en el poderoso nombre de Jesucristo. Amén

Por el sacrificio de la cruz de Cristo, por la sangre de Cristo destruyo todo velo de muerte impuesto contra mi destino, destruyo todo velo de muerte impuesto contra mi avance, destruyo todo velo de muerte impuesto contra mi familia en el poderoso nombre de Jesucristo. Amén

Por la sangre de Jesucristo, todo plan de velos diabólicos es paralizado ahora, todo encantamiento es destruido ahora en el poderoso nombre de Jesucristo. Amén

Por la sangre de Jesucristo, arruino todo encantamiento de cárcel de limitación, destruyo todo velo de humillación y de pobreza, destruyo todo velo de pecado impuesto para hacerme tropezar, en el poderoso nombre de Jesucristo. Amén

Mi destino es desatado, mi vida es liberada, mi familia está guardada por el escudo de Cristo y nuestras vidas están escondidas en Cristo, en Dios en el poderoso nombre de Jesucristo. Amén

Me levanto y resplandezco con vida en abundancia, mi estrella brilla, el favor del Dios de Abraham, de Isaac y de Israel está sobre mí en el poderoso nombre de Jesucristo. Amén

Mis puertas son abiertas, y no serán cerradas ni de día ni de noche, a mí son traídas las riquezas de las naciones, y los reyes con conducidos a mí, en el poderoso nombre de Jesucristo. Amén

No fracasaré, cumpliré plenamente con el plan de Dios en mi vida, por su gracia y por su poder, en el poderoso nombre de Jesucristo. Amén

Las ventanas de los cielos están abiertas sobre mí y sobre mi casa, y las bendiciones celestiales están fluyendo sobre mí desde ahora y para siempre en el poderoso nombre de Jesucristo. Amén

Resplandezco por la luz de Cristo, resplandezco por la gloria de Dios, mis enemigos retroceden quemados por el fuego de Dios, y mi casa y yo adoramos a Cristo, avanzamos y prosperamos en todo, avanzamos y vencemos, avanzamos en resplandecemos, avanzamos y el mundo ve la gloria de Dios sobre nosotros, en el poderoso nombre de Jesucristo. Amén

EL MISTERIO DE LAS PUERTAS DE LA CIUDAD

*E*spiritualmente las puertas representan permisos y prohibiciones. Una puerta abierta representa un permiso espiritual para pasar y entrar, mientras que una puerta cerrado es una prohibición que impide entrar. Esto es una ley espiritual muy poderosa.

Cada ciudad tiene puertas, físicas y espirituales. Aunque una vez dentro de la ciudad existen otras puertas, pero la puerta que determina la atmósfera de la ciudad es la puerta principal, la puerta de llegada a la ciudad. Esta es la puerta más poderosa de todas, es la puerta del control y de la autoridad.

En una ocasión estaba en mi casa orando y el señor Jesús se me apareció en Espíritu y me trasladó a las puertas de entrada de la ciudad en la que vivo. Una vez llegados allí me dijo de guardar silencio, segundos después vi algo parecido a un pequeño terremoto y la tierra la abrió en dos grandes brechas. Estuve muy asombrado, pero el señor me insistió en que guardase silencio. De repente salió un demonio de enormes dimensiones, y con un instrumento comenzó a sacar tierra espiritual de los más profundo, sacó una gran cantidad y lo dejó justo a la entrada de la ciudad. Después de eso se marchó y todo volvió a la normalidad, no fue una visión fue algo que sucedió en tiempo real.

El señor Jesús me explicó que en verdad eso era un polvo de maldición, eran cenizas de las tinieblas colocadas en la entrada para empobrecer a las personas. A medida que las personas entrasen en la ciudad espiritualmente arrastraban este polvo por toda la ciudad, incluso hasta sus hogares. Eso abría puertas a demonios de pobreza en sus vidas y en toda la ciudad.

Por eso en *Isaías 61:3* Dios ordenó la condición de su pueblo, destruyendo las cenizas y trayendo la gloria de Dios sobre sus vidas, para que pudiesen ser testigos efectivos de la gloria de Dios en todas las áreas de sus vidas.

a ordenar que a los afligidos de Sion se les dé gloria en lugar de ceniza, óleo de gozo en lugar de luto, manto de alegría en lugar del espíritu angustiado; y serán llamados árboles de justicia, plantío de Jehová, para gloria suya.

ISAÍAS 61:3

La voluntad de Dios es que seamos libres de las cenizas espirituales de pobreza y de maldad. Dios quiere que llevemos su gloria y que sea visible en nuestras vidas para que el mundo pueda reconocer que somos representantes de Dios y tengan la oportunidad de arrepentirse del pecado y de la vana forma de vivir que el mundo ofrece, una forma de vivir que desemboca en las llamas del infierno y de la condenación eterna. Es necesario orar contra estas actividades diabólicas.

ORACIONES CONTRA LAS CENIZAS DE POBREZA

En el poderoso nombre de Jesucristo ordeno ahora que toda ceniza de pobreza sea borrada de mi vida y de mi familia, por la sangre de Jesús. En el poderoso nombre de Jesucristo. Amén

En el poderoso nombre de Jesucristo destruyo todo velo de cenizas que causa retraso y miseria en mi vida, y en mi casa en el poderoso nombre de Jesucristo. Amén

En el poderoso nombre de Jesucristo proclamo y profetizo la gloria de Dios en mi vida, desato mi destino de toda influencia de las cenizas de pobreza, y destruyo toda influencia de las cenizas de pobreza en el poderoso. En el poderoso nombre de Jesucristo. Amén

En el poderoso nombre de Jesucristo ordeno ahora que toda ceniza de pobreza sea borrada de mi vida y de mi familia, por la sangre de Jesús. En el poderoso nombre de Jesucristo. Amén

En el poderoso nombre de Jesucristo destruyo todo velo de cenizas que causa retraso y miseria en mi vida, y en mi casa en el poderoso nombre de Jesucristo. Amén

Profetizo la gloria de Dios sobre las puertas de mi ciudad, profetizo la gloria de Dios sobre las puertas de mi vida y de mi familia, profetizo la gloria de Dios sobre las puertas de mi casa, en el poderoso nombre de Jesucristo. Amén

Declaro gloria en lugar de cenizas, declaro victoria en lugar de derrotas, declaro avance en lugar de retraso en el poderoso nombre de Jesucristo. Amén

Profetizo la gloria de Dios sobre las puertas de mi ciudad, profetizo la gloria de Dios sobre las puertas de mi vida y de mi familia, profetizo la gloria de Dios sobre las puertas de mi casa, en el poderoso nombre de Jesucristo. Amén

En mi vida y en mi familia declaro gloria en lugar de cenizas, declaro victoria en lugar de derrotas, declaro avance y progreso en lugar de retraso en el poderoso nombre de Jesucristo. Amén

En el poderoso nombre de Jesucristo destruyo todo velo de cenizas que causa retraso y miseria en mi vida, y en mi casa en el poderoso nombre de Jesucristo. Amén

En el poderoso nombre de Jesucristo destruyo todo velo de cenizas que causa retraso y miseria en mi vida, y en mi casa en el poderoso nombre de Jesucristo. Amén

Profetizo la gloria de Dios sobre las puertas de mi ciudad, profetizo la gloria de Dios sobre las puertas de mi vida y de mi familia, profetizo la gloria de Dios sobre las puertas de mi casa, en el poderoso nombre de Jesucristo. Amén

Declaro gloria en lugar de cenizas, declaro victoria en lugar de derrotas, declaro avance en lugar de retraso en el poderoso nombre de Jesucristo. Amén

En el poderoso nombre de Jesucristo ordeno ahora que toda ceniza de pobreza sea borrada de mi vida y de mi familia, por la sangre de Jesús. En el poderoso nombre de Jesucristo. Amén

EL JUSTO VIVE CONFIADO COMO UN LEÓN
PROVERBIOS 28:1

KAIROS

PROFETA ROMEO

LAS LEYES FINANCIERAS DE DIOS

> Por la fe entendemos haber sido constituido el universo por la palabra de Dios, de modo que lo que se ve fue hecho de lo que no se veía.
>
> HEBREOS 11:3

La oración por las finanzas es una de las más hechas por los hijos de Dios, en la tierra. Muchos oran y oran mucho por sus finanzas, pero a pesar de tanto orar tienen la sensación de recoger muy poco. Algunos incluso creen erróneamente que Dios quiere que vivamos una vida de escases, pobreza y necesidad constante. Los que piensan así creen que las riquezas del mundo son para quienes no sirven a Dios, pero esto es un gran error y es completamente anti bíblico. Este pensamiento es una fortaleza mental de pobreza y al mismo tiempo es el resultado de la mentalidad religiosa, que funciona como una *red que limita el destino de los hijos de Dios.*

El universo y toda la creación, fue creado por y mediante la palabra de Dios. Su palabra puso todo en orden, su palabra trajo la luz, su palabra dio vida a todo lo que existe y por su palabra nos fueron entregados todos los principios necesarios para vivir una vida de bendición de acuerdo con la revelación y a la sinfonía del cielo. Dios nos hizo a nosotros, y no nosotros a nosotros mismos, por lo tanto, también nos ha entregado sus principios de vida y de vida en abundancia.

Reconoced que Jehová es Dios;
Él nos hizo, y no nosotros a nosotros mismos;
Pueblo suyo somos, y ovejas de su prado.

SALMOS 100:3

La oración por las finanzas siempre será poderosa y eficaz cuando vaya acompañada de la palabra de Dios y de los principios celestiales correspondientes a las finanzas en la tierra. Cuando hablamos de progreso y prosperidad económica, debemos tener en cuenta que es toda una cuestión de administración. Dios antes de entregarnos mucho, probará nuestra fidelidad con poco. Pero con Dios lo poco no es el final, lo poco es el principio de algo grandioso, tanto como nuestro corazón sea capaz de creer.

Dios quiere que seamos prósperos y que abundemos en toda buena obra. Lo más importante no es la prosperidad económica sino cómo nosotros la empleamos, el fin que le damos a lo que Dios nos da, eso determina el tipo de final que tendremos espiritual y financieramente.

Por eso si tenemos una visión financiera bien definida y específica, la visión se irá desarrollando a medida que nuestra vida espiritual vaya creciendo, a medida que vayamos obedeciendo a Dios, aplicando su palabra revelada, nuestras finanzas y todo en nuestras vidas será visitado por una mayor expansión y el favor de Dios nos rodeará como un escudo.

Comience por saber que la pobreza no es una virtud, sino un problema que da lugar a demasiados otros problemas en la humanidad. Por lo tanto, renuncie a la idea de que Dios quiere que usted sea pobre para parecer más santo o agradable a sus ojos. Porque no es verdad, todo lo contrario, el diablo utiliza la pobreza para inducir a las personas a cometer actos vergonzosos y condenables. La pobreza es una desventaja, pero gloria damos a Dios que nos hizo libres mediante el sacrificio de Cristo en la cruz.

Cristo pagó el precio por nuestra salvación, pero dentro de esta salvación también viene incluida la gracia para vencer la pobreza y ser de bendición a los más necesitados. Para que podamos predicar con palabras, pero también con hechos de amor y misericordia.

> Porque ya conocéis la gracia de nuestro Señor Jesucristo, que por amor a vosotros se hizo pobre, siendo rico, para que vosotros con su pobreza fueseis enriquecidos.
>
> 2 CORINTIOS 8:9

La riqueza en la que Cristo nos ha hecho partícipes es mucho más que solamente riqueza económica, pero es necesario que la riqueza económica provenga de Dios para sus hijos. El enemigo tan sólo roba, a los hijos de Dios para dárselo a sus hijos, a fin de que puedan financiar sus obras de maldad y de vergüenza. Por eso nosotros debemos perseverar hasta el final en la oración y en la obediencia a la palabra de Dios y no cederle terreno al diablo.

Entienda, crea y acepte que es la voluntad de Dios que usted prospere en todas las cosas, incluidas sus finanzas. Por lo tanto, aplique sus principios de prosperidad y avance financiero, no diga tan sólo que cree que Dios le va a prosperar, sino que actúe de acuerdo con lo que cree en su corazón, eso es fe y producirá resultados maravillosos en su vida, en su familia y toda su descendencia gozará de los resultados de su obediencia y de su fe.

> Amado, yo deseo que tú seas prosperado en todas las cosas, y que tengas salud, así como prospera tu alma.
>
> **3 JUAN 1:2**

Dios quiere que prosperemos siempre, a pesar de los tiempos difíciles del mundo

"Dios cuenta con sus propios recursos. El sistema económico celestial es independiente al de la tierra".

Por lo tanto, creamos en su palabra indiferentemente de la forma que la tierra esté tomando. La palabra de Dios puede cambiarlo todo.

Cuando creemos en sus promesas y nos dejamos guiar por su Espíritu Santo, su Espíritu de Sabiduría y de poder, todas las cosas tomarán la forma correspondiente a las promesas de Dios.

Los hijos de Dios que le buscan y le obedecen siempre van a prosperar en todo, sin comprometer sus almas a la perdición y sin perder la salud. Este el problema con las personas del mundo que sirven al mundo, y son enriquecidas por sus talentos y esfuerzos, más tarde llega el momento en que pierden la salud y todo cuanto tienen ahora solamente sirve para que puedan vivir un poco más, acaban sus días sin paz, sin gozo, sin vida. Quienes normalmente vienen después suelen malgastar el esfuerzo de todos los años de vida que tuvieron. Por eso Jesús nos enseña que ganar al mundo es posible, pero si eso conlleva perder nuestra alma, es inútil y lamentable, no vale la pena ni siquiera pensarlo.

> Porque ¿qué aprovechará al hombre, si ganare todo el mundo, y perdiere su alma? ¿O qué recompensa dará el hombre por su alma?
>
> MATEO 16:26

Por lo tanto, honremos a Dios, obedeciendo su palabra, poniendo en práctica sus principios y nuestras oraciones tendrán un impacto mucho más transformador en cada una de las áreas de nuestras vidas, incluidas y especialmente también el área de nuestras finanzas.

EL JUSTO VIVE CONFIADO COMO UN LEÓN
PROVERBIOS 28:1

KAIROS

PROFETA ROMEO

"EL DIEZMO"

EL DIEZMO ES UN PRINCIPIO QUE ABRE PORTALES CELESTIALES DE GRACIA Y FAVOR PARA EL PROGRESO, EL AVANCE, LA PROSPERIDAD Y EL BIENESTAR SOCIAL.

Mediante el diezmo la voluntad próspera del cielo se impone sobre las condiciones hostiles y secas de la tierra. El diezmo es una oportunidad para ser partícipes de las bendiciones financieras provenientes de la alianza de Abraham con el Dios Todopoderoso.

El diezmo es uno los principios económicos más poderosos de toda la Biblia. El diezmo proviene de la alianza y del pacto con Dios, es una gracia introducida por Dios mediante Abraham, nuestro padre en la fe.

> 19 y bendijo a Abrán con estas palabras:
> ¡Que el Dios Altísimo,
> creador del cielo y de la tierra
> bendiga a Abrán!
> 20 ¡Bendito sea el Dios Altísimo,
> que entregó en tus manos a tus enemigos!
> Entonces Abrán dio a Melquisedec el diezmo de todo.
>
> GÉNESIS 14:19-20

Del mismo modo el nieto de Abraham, Jacob tras la revelación de la alianza de Dios, él decidió hacer un pacto con Dios. Pidió a Dios de protegerle, de prosperarle y traerle de vuelta en bien, y a cambio él diezmaría todo lo que ganase a Dios.

18 Y se levantó Jacob de mañana, y tomó la piedra que había puesto de cabecera, y la alzó por señal, y derramó aceite encima de ella.
19 Y llamó el nombre de aquel lugar Bet-el, aunque Luz era el nombre de la ciudad primero.
20 E hizo Jacob voto, diciendo: Si fuere Dios conmigo, y me guardare en este viaje en que voy, y me diere pan para comer y vestido para vestir,
21 y si volviere en paz a casa de mi padre, Jehová será mi Dios.
22 Y esta piedra que he puesto por señal, será casa de Dios; y de todo lo que me dieres, el diezmo apartaré para ti.

GÉNESIS 28:18-22

El diezmo tiene un gran impacto en todo cuanto hacemos, el diezmo lleva nuestra vida espiritual a otro nivel y nos ayuda a no caer en la trampa del amor al dinero, nos hace ser consciente de que todo lo que tenemos es de Dios, que tan sólo somos administradores de todo lo que él nos entrega para su gloria, a pesar de que lo logramos con esfuerzo, toda nuestra fuerza viene de Dios, todo es por su gracia y por su misericordia.
En los tiempos de Profeta Malaquías el pueblo de Israel esta-

ba pasando por una gran crisis espiritual y económica. Ellos clamaban a Dios, pero ignoraban que esta crisis fue producida una maldición.

Esta maldición vino sobre ellos, a causa de desatender la obra de Dios, a causa de no honrar a Dios con sus bienes, y fueron grandemente empobrecidos. Por ello Dios envío al Profeta Malaquías para mostrarles la causa de esta crisis, y qué debían hacer para volver a los tiempos de prosperidad, de honor y de paz.

No diezmar es robar a Dios, por lo tanto, conlleva una maldición. Por eso muchas personas incluso cristianas, oran mucho, pero todo el dinero que ganan tan sólo sirve para solucionar problemas tras problemas y nunca tienen paz. Algunos ganan mil, pero gastan dos mil en problemas, y aún después de todo no les alcanza para nada. Nada de lo que hacen perdura y sobre todo con sus finanzas no hacen nada significativo. Esto es una maldición, usted puede ser libre hoy si se arrepiente y decide obedecer a Dios honrándole en sus finanzas, dando a Dios lo que es de Dios y quedándose usted con lo que le corresponde a usted. Cuando diezmamos damos a Dios el diez por ciento de lo que ganamos y nos quedamos con el noventa por ciento. Como Dios nos enseña en su palabra.

8 ¿Robará el hombre a Dios? Pues vosotros me habéis robado. Y dijisteis: ¿En qué te hemos robado? En vuestros diezmos y ofrendas.

9 Malditos sois con maldición, porque vosotros, la nación toda, me habéis robado.

10 Traed todos los diezmos al alfolí y haya alimento en mi casa; y probadme ahora en esto, dice Jehová de los ejércitos, si no os abriré las ventanas de los cielos, y derramaré sobre vosotros bendición hasta que sobreabunde.

11 Reprenderé también por vosotros al devorador, y no os destruirá el fruto de la tierra, ni vuestra vid en el campo será estéril, dice Jehová de los ejércitos.

12 Y todas las naciones os dirán bienaventurados; porque seréis tierra deseable, dice Jehová de los ejércitos.

MALAQUIAS 3:8-12

Cuando diezmamos y ofrendamos nos conectamos a la gracia celestial y sobrenatural de la multiplicación. Recuerden que incluso para que el señor Jesucristo hiciese el milagro de la multiplicación de los panes y de los peces, fue necesario que ellos le entregaran lo que tenían, cinco panes y dos peces. El resultado de eso fue que todo se multiplicó, y comieron este día cinco mil hombres, teniendo en cuenta que había más mujeres y niños que hombres, la cifra es impresionante. Todo eso vino por la obediencia a los principios de Dios.

Cuando honramos a Dios con nuestras finanzas, recibimos gracia y favor de Dios para prosperar poderosa y económicamente.

Alguno se preguntará dónde llevar sus diezmos, es muy simple usted debe diezmar donde de congrega, en el ministerio de su pastor y padre espiritual. Desde este lugar debe honrar a Dios, porque Dios es un Dios de orden. Por otra parte, muchos cristianos ignoran que Dios para bendecir a los hombres, pasa por los hombres. Es decir, Dios para bendecir sus finanzas pasará por la boca de su padre espiritual y pastor. El hombre de Dios de este ministerio debe orar y bendecir con la bendición del diezmo, a todos sus hijos que honran a Dios y aplican sus principios bíblicos y financieros.

Ahora bien, una vez que eso tiene lugar usted debe buscar tiempo para orar y ayunar delante de Dios, recordándole sus promesas y recordándole cómo usted ha obedecido los principios de los diezmos y de las ofrendas.

Por otra parte, la bendición que Dios promete derramar sobre abundantemente es una bendición específica. Dios bendice las obras de sus manos. Si usted solamente ora, pero no hace nada, ¿cómo espera que se manifieste la bendición de Dios en sus finanzas? Debe orar y ayunar específicamente delante de Dios. Por ejemplo, tras diezmar y ofrendar, si usted tiene una empresa y está orando para que aumenten sus ventas, no solamente pida a Dios su bendición, dígale cuál es el anhelo de su corazón.

Haga oraciones justas y específicas como esta, por ejemplo:

Señor tu palabra dice que, si traigo mis diezmos y ofrendas al alfolí, tú abrirás las ventanas de los cielos, y derramarás bendición hasta que sobreabunde sobre mí. Padre celestial bendíceme con mil clientes nuevos, te lo pido en el nombre de Jesucristo. Amén

Este es un ejemplo de oración, que debe hacer, pero primeramente debe comenzar desde la oración y el ayuno, para *pedir gracia y una vez que termina su ayuno manténgase orando día y noche, clame de todo corazón delante de Dios y esfuércese hasta que vea su respuesta.*

Esta es la forma adecuada, Dios responderá a su tiempo y su corazón se maravillará de lo que Dios es capaz de hacer mediante la fe, la oración y la obediencia. Aleluya

Cuando usted diezma y ofrenda recibe una gracia especial que protege todo cuanto usted hace y tiene, para que el enemigo no pueda tocar nada que sea suyo. Por eso Dios promete reprender por nosotros al devorador, porque este espíritu llega con una tormenta para destruir todo tipo de progreso, paz y avance. Muchas veces este es el espíritu detrás de muchas guerras y hambrunas en el mundo.

Cuando usted honra a Dios con sus finanzas, no solamente Dios bendice todo lo que hace, sino que Dios custodia todo cuanto tiene y logra, para que el enemigo no le pueda robar ni destruir.

Cuando el diablo vio a Job quiso atacarle, pero se dio cuenta de cómo Dios había bendecido a Job y de cómo Dios protegía a Job tenía.

9 Respondiendo Satanás a Jehová, dijo: ¿Acaso teme Job a Dios de balde?
10 ¿No le has cercado alrededor a él y a su casa y a todo lo que tiene? Al trabajo de sus manos has dado bendición; por tanto, sus bienes han aumentado sobre la tierra.

JOB 1:9-10

"LA HISTORIA DE WILLIAM COLGATE Y EL DIEZMO"

Esta es una historia ejemplar del poder del Diezmo y de la fe

William Colgate fue un empresario de la industria del jabón, nacido en Reino Unido. Fundador de la empresa Colgate que luego se fusionara con Palmolive, William Colgate era un hombre de origen muy humilde, cuya vida se convirtió en próspera luego de tener un sueño en el que una voz le decía que aprenda a fabricar jabones. Con gran fe en Dios, honró al Creador con el diezmo hasta el final.

Hijo de Sara Bowles y Robert Colgate, William Colgate vivió su infancia y juventud sumido en la mayor pobreza. Siendo muy joven abandonó la casa de sus padres, ya que no podían sostenerlo a causa de la escasez económica

William era un joven campesino, emigró a Nueva York con el fin de establecerse como vendedor de jabones. Allí experimentó la dureza de la vida en una gran ciudad y la dificultad para conseguir trabajo. Lo que lo sostuvo fue su fe en Dios y la ambición por superarse y obtener prosperidad con el fin de ayudar a su familia.

A los 16 años William Colgate vendía jabones por la calle, las que recorría con una caja de madera colgando del cuello. Se ganaba la vida de esta forma tratando de ayudar a su madre que ya había enviudado, y contribuía además en la educación de su pequeña hermanita.

Un día de lluvia torrentosa, William Colgate buscó refugio en una iglesia, en medio del aguacero. Allí el predicador estaba narrando la historia de Jacob, que era un joven como él que estaba huyendo de su hermano Esaú, quien buscaba matarlo para vengarse.

Jacob tuvo que dormir debajo de un árbol para escapar del hermano, sumido en la pobreza.

El Señor se le apareció prometiéndole que estaría con él toda la vida, a lo que Jacob respondió quebrantado, arrodillándose y haciendo el siguiente voto:

> **20** Allí Jacob hizo este voto: «Si Dios me acompaña y me protege en este viaje que ahora hago, y me da pan para comer y ropa para vestirme, **21** y me hace volver en paz a la casa de mi padre, entonces el Señor será mi Dios. **22** Esta piedra, que he levantado como pilar, será casa de Dios; y de todo lo que me des, apartaré el diezmo para ti.»
>
> GÉNESIS 28:20-22

Y Dios le dio tanta prosperidad a Jacob (también llamado Israel). En agradecimiento al Señor, Jacob enseñó a sus hijos que dieran siempre a Dios la décima parte de sus ganancias.

Y Dios respondió siempre a ese pacto dando tal prosperidad al pueblo de Israel, que siendo apenas veinte millones de personas poseen la cuarta parte del oro del mundo.

Al escuchar esta historia que contaba el predicador, el niño se arrodilló depositando en el suelo su cajita de jabones y oró al Señor:

"Dios mío, si me sacas de la pobreza en que vivo yo te prometo que te daré durante toda la vida la décima parte de todas mis ganancias."

Esta noche, el pequeño William Colgate tuvo un sueño revelador que cambiaría su vida para siempre. Aquella noche el niño tuvo un sueño en el que escuchó una voz que le decía: "aprende a fabricar jabones". Ya al día siguiente se abrieron las puertas de un nuevo trabajo para él en una fábrica de jabones como mensajero. Luego le dieron un ascenso por su buen desempeño, y a medida que pasaba el tiempo iba aprendiendo el oficio de la fabricación de jabones.

De acuerdo con su crianza y los consejos de su madre, así como las recomendaciones que le había hecho el capitán de una barcaza, William Colgate dedicó su vida a Dios. Se determinó a ser fiel al Creador y a devolverle un diezmo honesto y exacto de cada dólar que ganara.

Así fue como el joven Colgate le entregó al Hacedor de todas las cosas la décima parte del primer dólar que ganó con su trabajo. Sus primeros diez centavos diezmados sagradamente al Señor se multiplicaron rápidamente. Los dólares ingresaban a diestra y siniestra, y en el momento más impensado William Colgate fue socio del fabricante de jabones.

El empresario dio instrucciones a su contador para que abriese una cuenta destinada al Señor, donde acreditaba cada décima parte de sus ingresos. Milagrosamente el negocio creció más y más, y en agradecimiento al Creador el empresario depositó primero dos décimas, luego tres y así sucesivamente hasta llegar a depositar generosamente cinco décimas.

Viviendo sólo con la décima parte de sus ganancias, William Colgate fue considerado el hombre más rico del mundo, siendo el que apoyó la obra de Dios para que el mensaje de salvación llegara a todas las naciones.

Proporcionalmente a su generosidad crecían sus ingresos, y muy pronto la marca de jabón Colgate fue conocida en todo el mundo.

Las ventas se multiplicaban, y William Colgate descubrió la fórmula de la crema dental en pasta introduciendo los tubos de pasta dentífrica, que hasta el momento se fabricaba en polvo. Además de la del jabón también innovó con la fórmula de detergentes, con la que se hizo multimillonario.

Tanto él como sus hijos y nietos siempre cumplieron honestamente con el juramento hecho a Dios dándole la décima parte de las ganancias de las cuentas de las fábricas de todo el mundo. Dios lo prosperó por su fidelidad, y le recompensó con bendiciones durante toda su vida y la de su descendencia.

Cuando somos fieles a Dios en nuestros diezmos y persistimos en su presencia, Dios traerá oportunidades únicas a nuestras vidas, bendecirá las obras de nuestras manos y seremos de bendición para todas las naciones.

Así como Dios lo hizo con *William Golgate,* así también lo hizo con el rey Salomón, a diferencia que el rey Salomón fue mucho más rico. Pero vemos que nuestro Dios es fiel a su palabra. No debemos desanimarnos, ni cansarnos de hacerlo lo bueno porque hay un tiempo para sembrar, pero inevitablemente también hay un tiempo para recoger.

Todas las personas que han puesto los principios de Dios en práctica hasta el final siempre han entrado en un nuevo tiempo de gracia y de progreso extraordinario.

Es la razón por la que el enemigo ataca la obediencia de los diezmos y las ofrendas, mediante críticas de personas ciegas, para desanimar a los hijos de Dios en su obediencia a este principio. En otras ocasiones el enemigo envías espíritus de pobreza que causan incredulidad y endurecen los corazones de muchos cristianos para que no siembren, para que no ofrenden ni diezmen, de este modo el enemigo puede mantenerles en la misma situación de limitación y pobreza.

Debemos saber que cuando diezmamos y ofrendamos, le estamos dando a Dios, no a los hombres. Por lo tanto, nuestra recompensa vendrá siempre de Dios.

EL JUSTO VIVE CONFIADO COMO UN LEÓN
PROVERBIOS 28:1

PROFETA ROMEO

"AYUDAR A LOS POBRES Y A LOS NECESITADOS"

Ayudar a los pobres, a los necesitados es una gran bendición porque es una obra de amor. También forma parte de los principios de Dios para nuestras finanzas y para nuestras vidas. Conlleva grandes bendiciones para nuestras vidas, pero no anula el hecho de que tengamos que diezmar. Cuando damos a los pobres estamos dando amor, es una gran forma de ofrendar y de sembrar el amor de Dios. Porque el que da al pobre, no tendrá pobreza, pero quienes ignoran a los pobres llevarán muchas maldiciones. No tiene que ver con ir a las personas y darles dinero, no, sino con dar, suplir sus necesidades con alimentos, por ejemplo. Tan sólo puede dar su dinero cuando se trate de una organización que usted conozca que trabaja apasionadamente ayudando a los pobres, pero directamente a ellos no les de dinero.

Por ejemplo, el ministerio que el señor nos ha entregado tiene una Fundación que tiene como visión, ayudar a los necesitados, a los pobres y predicar con obras de amor, de bondad y de misericordia.

Es **"LA FUNDACIÓN PROFETA ROMEO"**. Por cada día que visitamos las zonas más pobres, alrededor de cincuenta a setenta personas reciben alimentos para la gloria de Dios, y creemos que Dios multiplicará pronto nuestro alcance para seguir siendo luz y bendición a las naciones en el nombre de Jesucristo. Amén

El que da al pobre no tendrá pobreza;
Mas el que aparta sus ojos tendrá muchas maldiciones.

PROVERBIOS 28:27

"ORACIONES DE LA GLORIA"

*R**epita siete veces estas oraciones*
Padre, me levanto y resplandezco en el nombre de Jesucristo, Padre haz descender tu gloria sobre mí y dame dominio en este tiempo que estoy viviendo. En el nombre de Jesucristo. Amén

Padre, Dios del Profeta Elías, Dios del Profeta Moisés, Padre de mi señor Jesucristo, haz descender tu gloria sobre mí y dame victoria sobre el combate de mi destino, permíteme vencer y superar todos los límites te lo pido en el nombre de Jesucristo. Amén
Padre de gloria, desde tu torbellino de fuego, haz descender tu gloria sobre mí para pueda recibir una doble porción de tu poder y pueda separarme para siempre de las derrotas, del retraso, de la enfermedad, de la rebelión y sea útil para tu reino te lo pido en el nombre de Jesucristo. Amén

Padre de gloria y de testimonio envía tus ángeles a mí vida y derrame tu gloria y tu resplandor sobre mí, derrama tu gloria sobre mí, haz que mi rostro resplandezca y muda mis vestiduras a vestiduras de gloria, padre haz descender tu gloria sobre mí te lo pido en el nombre de Jesucristo. Amén
Padre, me levanto y resplandezco en el nombre de Jesucristo, Padre haz descender tu gloria sobre mí y dame dominio en este tiempo que estoy viviendo. En el nombre de Jesucristo. Amén

Padre de gloria, desde tu torbellino de fuego, haz descender tu gloria sobre mí para pueda recibir una doble porción de tu poder y pueda separarme para siempre de las derrotas, del retraso, de la enfermedad, de la rebelión y que sea un instrumento para tu reino te lo pido en el nombre de Jesucristo. Amén

EL JUSTO VIVE CONFIADO COMO UN LEÓN
PROVERBIOS 28:1

KAIROS

PROFETA ROMEO

"ORACIONES POR REVELACIÓN"

Dios de Abraham, Dios de Isaac, Dios de Israel, padre celestial alabado sea tu nombre, exaltado seas siempre, que toda la creación te adore y doble rodillas ante de ti, en el poderoso nombre de Jesucristo. Amén Padre te adoro, te alabo, te bendigo porque eres bueno y para siempre es tu misericordia, en el nombre de Jesucristo. Amén

Dios de vida y de verdad, Dios de luz y de santidad, tú revelas los misterios a los sabios y a los más pequeños haces crecer, tú que riegas la tierra con tu amor y con tu perdón preservas la humanidad, señor te pido que te reveles a mí, háblame, llena mi corazón de tu sabiduría, permite que los ojos de mi espíritu puedan ver tus planes para mi vida para este tiempo, y para los tiempos que provienen de tus manos para mí y mi familia, te lo pido en el nombre de Jesucristo. Amén
Dios de los misterios, tú que ocultas tus misterios a los insensatos y que entregas las llaves de tus enigmas a los humildes, me humillo ante de ti, te ruego oh señor, Abba Padre, revélame tus sueños para mi vida, revélame sueños de solución a mis conflictos, revélame sueños de avance contra el retraso, revélame sueños de victorias sobre las derrotas, revélame sueños de prosperidad contra la pobreza, revélame sueños de abundancia contra la escases, revélame sueños de advertencia contra los peligros te lo pido en el poderoso nombre de Jesucristo. Amén

Padre tú prometiste dar el sueño a tus amados, y tus promesas en Cristo son sí y son Amén. Padre clamo a ti de todo corazón, dame sueños de tesoros, dame sueños de secretos y misterios para vencer y avanzar, te lo pido en el poderoso nombre de Jesucristo. Amén

Señor dame sueños de tesoros escondidos y de secretos muy guardados para que pueda cumplir con tu plan exitosamente, te lo pido en el nombre de Jesucristo. Amén

Mi corazón es sensible a los sueños de Dios
Mi alma es receptiva a la sabiduría de Dios
Mi cuerpo es un instrumento de victoria para el cumplimiento de los sueños de Dios, en el nombre de Jesucristo. Amén

En paz me acuesto y en poder me levanto
En fe me acuesto y en revelación me levanto, en oración me acuesto y con respuestas me levanto, en el nombre de Jesucristo. Amén

Escaleras salen de la tierra al cielo
Ángeles de Dios suben con mis oraciones y bajan con mis respuestas sin limitaciones, en el nombre de Jesucristo. Amén

La vía de la revelación es liberada por el fuego del Espíritu Santo, en el nombre de Jesucristo. Amén
Mi cuerpo es un instrumento de victoria para el cumplimiento de los sueños de Dios, en el nombre de Jesucristo. Amén

Repita siete veces las oraciones en el día y en la noche antes de acostarse principalmente.

LA SEPARACIÓN ES NECESARIA

"Mira con quien andas, y sabrás dónde llegarás"

Profeta Salomón Romeo

Las personas que nos rodean tienen un papel primordial, a la hora de ayudarnos a progresar, pero también pueden ser una piedra de tropiezo y una causa de muchas derrotas y fracasos en nuestras vidas.

La compañía causa impartición. Aunque suene muy radical sólo existen dos formas posibles de relaciones: Aquellas que nos influencian y que condicionan cambios tanto negativos como positivos en nosotros, y aquellas relaciones en las que nosotros somos quienes las influenciamos y el resultado, es que estas personas toman la decisión de seguir nuestros pasos.

Los poderosos siempre caminan juntos, porque la unión incrementa la visión e impulsa y multiplica la fuerza.

Dios trató sobre este tema con el Profeta Jeremías como una de las condiciones para tener en cuenta, a fin de que su ministerio profético no fracasara.

Los hijos de Dios somos luz y somos embajadores de Cristo, somos líderes celestiales haciendo avanzar los planes del padre en la tierra, y la única manera de manifestar nuestra autoridad libremente es que cada vez nos parezcamos más a Cristo y menos al mundo.

A causa de este principio, Dios le enseñó al Profeta Jeremías la importancia y la necesidad de vivir en la identidad correcta la identidad de poder, él fue escogido y apartado de la forma de vivir del mundo para cumplir con su llamado, para la gloria de Dios.

19 Por tanto, así dijo Jehová: Si te convirtieres, yo te restauraré, y delante de mí estarás; y si entresacares lo precioso de lo vil, serás como mi boca. Conviértanse ellos a ti, y tú no te conviertas a ellos.
20 Y te pondré en este pueblo por muro fortificado de bronce, y pelearán contra ti, pero no te vencerán; porque yo estoy contigo para guardarte y para defenderte, dice Jehová.
21 Y te libraré de la mano de los malos, y te redimiré de la mano de los fuertes.

JEREMÍAS 15:19-21

Sólo si estamos por encima del mundo, podremos dominar al mundo. Pero si vivimos igual que las personas del mundo que no conocen a Dios, no podremos dominar ni vencer en este mundo, sino que seremos vencidos por el mundo.

Por eso Dios desde el principio afirmó el corazón del Profeta Jeremías para que supiera cuál era su derecho y su posición en el Espíritu. La posición de autoridad, la posición de victoria y de poder, que es la que aplicamos cuando vivimos por encima del mundo y por encima de todos los reinos del mundo. Desde esta posición podemos ejercer libremente nuestra autoridad como hijos de Dios, avanzando y creciendo en poder, en victoria, en impacto y en gloria.

> **9** Extendió Jehová su mano y tocó mi boca, y me dijo Jehová: «He puesto mis palabras en tu boca.
> **10** Mira que te he puesto en este día
> sobre naciones y sobre reinos,
> para arrancar y destruir,
> para arruinar y derribar,
> para edificar y plantar.
>
> **JEREMÍAS 1:9-10**

Para vivir experimentando la gloria de forma creciente y progresiva, es necesario comprender que nuestro entorno, tiene un papel primordial. Por ejemplo, en el caso del rey Saúl, él estaba en la transición de su destino, y en la entrada de un tiempo de gloria que cambiaría la historia de Israel para siempre. Para que tuviera lugar su transición profética, de ser el más pequeño de la familia de Benjamín a pasar a ser el más poderoso de Israel, Saúl necesitaba una compañía que impartiera también gloria sobre él, por eso fue necesario que él tuviese un encuentro de impartición de poder primeramente con el Profeta Samuel y después con otro grupo de Profetas de Israel que impartieron gloria, poder y unción profética sobre su vida, para que comenzase el tiempo del reinado en su destino.

> 9 Aconteció luego, que al volver él la espalda para apartarse de Samuel, le mudó Dios su corazón; y todas estas señales acontecieron en aquel día.
> 10 Y cuando llegaron allá al collado, he aquí la compañía de los profetas que venía a encontrarse con él; y el Espíritu de Dios vino sobre él con poder, y profetizó entre ellos.
> 11 Y aconteció que cuando todos los que le conocían antes vieron que profetizaba con los profetas, el pueblo decía el uno al otro: ¿Qué le ha sucedido al hijo de Cis? ¿Saúl también entre los profetas?
>
> 1 SAMUEL 10:9-11

Por otra parte, hay personas de las que debemos separarnos si queremos avanzar hacia un mayor nivel de gloria y poder. Personas que no edifican el plan de Dios en nuestras vidas pero que tampoco permiten que nosotros les edifiquemos con la palabra de Dios, después de un tiempo en verdad debemos abrir nuestros ojos y darnos cuenta de que están en nuestras vidas realmente para hacernos tropezar y para retrasarnos en el cumplimiento de nuestro destino.

Existen casos donde estas personas quizás son familiares, y como mucho podemos orar por ellos, pero si queremos guardar nuestra visión, nuestros planes no deben ser conocidos por ellos.

El secretismo es una gran vía para manifestar y realizar proezas con Dios. Nuestros planes son perlas que no debemos entregar a los cerdos. Si queremos prosperar siempre, debemos guardar en silencio nuestros planes y proyectos.

Demasiadas personas han tropezado en visiones y sueños que Dios mismo les entregó porque no supieron guardarlo en secreto. Comenzaron a divulgarlo en toda la congregación, a sus familiares y a amigos envidiosos y celosos. Olvidaron que no todo el mundo está a favor del progreso de los demás.

Muchas aflicciones llegan a las vidas de aquellas personas que no saben estar en silencio y que no guardan sus visiones y sueños en secreto, como en el caso de José el hijo de Jacob que fue vendido por sus hermanos por envidia, porque las cosas que él contaba eran demasiado grandes para los corazones y las mentes de ellos. Aunque parezca que Dios lo permitió para llevarle a Egipto, la verdad es que si hubiese guardado silencio el señor le permitiría entrar en esa gloria de un modo diferente. Pero demos gloria a Dios por todo y por siempre.

Para que usted, pueda experimentar la gloria de Dios de forma continua en su vida, debe crecer en santidad y en la búsqueda de la presencia del padre celestial en el nombre de Jesucristo, Pero recuerde que las malas compañías conllevan malas conversaciones y las malas conversaciones corrompen las buenas costumbres. Por ello no debe tener a todo el mundo dentro de su círculo de amistad, debe pedir a Dios en oración que le dé discernimiento para identificar y conocer la intención del corazón de cada persona que está en su vida, porque de forma consciente o inconsciente todos los que están en su vida tienen una misión hacia usted.

La misión de bendecir, edificar o maldecir y destruir. Es responsabilidad suya identificarlos por sus frutos y orar para recibir sabiduría y prudencia en el nombre de Jesucristo.

Recuerde que aún el señor Jesús, tenía en medio de sus apóstoles a un hombre que debía entregarle, a sus enemigos, un hombre al que él mismo llamó con el nombre de diablo. Pero el señor Jesús sabía cuál era la intención del corazón de Judas, y está claro que formaba parte del plan de Dios. Pero no nos comparemos a la misma situación, porque no es necesario para nosotros tener como amigos a personas que sabemos que quieren hacernos daño, por envidia o por celos.

Por eso debemos orar para que Dios nos revele el corazón de las personas que están en nuestras vidas, y debemos clamar para que Dios nos revele quienes son nuestros enemigos ocultos. Porque el espionaje y la infiltración también forman parte del plan del diablo. En muchas familias, ministerios, empresas, y gobiernos existen personas infiltradas enviadas con el fin de destruir, dividir y causar todo tipo de daño e incluso en algunas ocasiones han causado la muerte de muchos.

Por eso escrito está:

> Así ha dicho Jehová: Maldito el varón que confía en el hombre, y pone carne por su brazo, y su corazón se aparta de Jehová.
>
> **JEREMÍAS 17:5**

Uno de los secretos para vivir una vida de gloria, es el de tener un equipo que nos ama y que cree juntamente con nosotros en la visión de Dios para nuestras vidas.

Toda persona que no cree en nuestra visión hará todo para estorbar el cumplimiento de dicha visión y toda persona que está en contra de nuestra gloria hará todo para que perdamos esta gloria y acabemos en ruinas y destrucción, por eso debemos orar para que Dios nos muestre quién es quién, y una vez que tenemos la revelación, la dirección, y la convicción de Dios en nuestros corazones debemos apartarnos de estas personas con amor y con sabiduría.

Esto es un hábito de poder y de gloria, que oremos siempre para tener la opinión de Dios sobre cada persona, como lo hizo el Señor Jesús en su ministerio. Pasó toda la noche en oración para escoger a sus apóstoles. Así también necesitamos orar para escoger correctamente a las personas de bendición que Dios ha escogido para ayudarnos a cumplir con su plan celestial. Esta sabiduría nos traerá siempre mucha paz y un gran avance en nuestros destinos.

12 En aquellos días él fue al monte a orar, y pasó la noche orando a Dios.
13 Y cuando era de día, llamó a sus discípulos, y escogió a doce de ellos, a los cuales también llamó apóstoles:
14 a Simón, a quien también llamó Pedro, a Andrés su hermano, Jacobo y Juan, Felipe y Bartolomé,
15 Mateo, Tomás, Jacobo hijo de Alfeo, Simón llamado Zelote,
16 Judas hermano de Jacobo, y Judas Iscariote, que llegó a ser el traidor.

"ORACIÓN PARA TENER DISCERNIMIENTO"

Padre celestial, alabado sea tu nombre Jesucristo
Padre por tu misericordia y por tu amor, te pido que abras mis ojos y que me des discernimiento para que sepa cuál es tu opinión de cada persona que forma parte de mi vida te lo pido en el nombre de Jesucristo. Amén

Recibo ahora discernimiento del Espíritu de Dios y todo velo es removido ahora.

Caen ahora todas las máscaras que utilizan mis enemigos para ocultarse.

Por el fuego de Dios caen ahora, por el fuego de Dios todo espejo y toda falsa luz que utilizan para esconderse es destruida ahora en el Poderoso nombre de Jesucristo. Amén

Recibo en mi espíritu, y en mi alma la revelación de cada persona que tiene la misión de destruir en mi vida y en mi familia en nombre de Jesucristo. Amén.

Padre úngeme con la revelación de Jeremías 33:3, muéstrame las cosas ocultas en mi vida, muéstrame la identidad oculta de cada persona que conspira contra mí te lo pido en el nombre de Jesucristo. Amén

"Repite la oración siete veces"

EL COMBATE ESPIRITUAL DEL MATRIMONIO

El matrimonio es una institución celestial de orden, de autoridad y de dominio.

Va mucho más allá que simplemente una relación de amor entre un hombre y una mujer.

El matrimonio es la primera combinación de Dios para multiplicar sobre la tierra a los hombres y a las mujeres creados a su imagen y semejanza, es decir para multiplicar sobre la tierra su dominio y para expandir la totalidad de su gloria. Por lo tanto, el matrimonio es un canal de gloria y de dominación. Por eso el diablo detesta el matrimonio, porque todo lo que él combate proviene de un hombre y una mujer, pero también todos los que le vencen provienen de un hombre y de una mujer, aunque espiritualmente son nacidos de Dios en Cristo Jesús.

El diablo no podía hacer frente a Adán con violencia, porque Adán tenía autoridad sobre toda la tierra y sobre todo el universo, Adán tenía autoridad aún sobre el diablo. Por eso el enemigo utilizó la astucia para engañar a Adán porque sabía que no podía enfrentar a quien legalmente tenía todo el dominio. Pero el mayor peligro para el enemigo fue saber que Adán junto a Eva tenían la capacidad de reproducirse y de multiplicarse, es decir de reproducirse en otros hombres y mujeres a la imagen y semejanza de Dios, con poder, con dominio y con gloria.

> Y los bendijo Dios, y les dijo: Fructificad y multiplicaos; llenad la tierra, y sojuzgadla, y señoread en los peces del mar, en las aves de los cielos, y en todas las bestias que se mueven sobre la tierra.
>
> **GÉNESIS 1:28**

Ahora en Cristo este principio sigue siendo el mismo, cuando un hombre y una mujer que son salvos, se unen en matrimonio representan una pesadilla para las tinieblas, porque son capaces de engendrar un ejército de descendientes llenos de la bendición y del poder de Dios.

El enemigo combate el matrimonio para destruirlo, y se opone a que los hijos de Dios solteros puedan casarse, para intentar atarles con la fornicación. Contra el matrimonio el enemigo tendrá siempre un plan de destruirlo mediante muchos engaños y manipulaciones. Uno de estos engaños, es el adulterio. El adulterio es el engaño de hacerles pensar que pueden encontrar fuera del matrimonio algo más sabroso que el fruto del amor del mismo matrimonio. Satanás siempre utiliza la regla de hacer pensar a las personas que en el fruto prohibido se encuentra el mayor placer, siendo que detrás de la primera mordida se encuentra la muerte.

Por lo tanto, en el matrimonio cuando sientan la presión de la tentación, deben centrarse más en buscar más a Dios en oración y ayuno, y en dar amor en lugar de exigirlo. *Porque dar amor nos perfecciona mientras que recibir tan sólo nos complementa.* Por otra parte, deben huir de las situaciones y de las personas que pueden hacerles caer en el pecado de adulterio. Estas personas que representan una tentación y toda situación que puede dar lugar a la tentación de la debilidad de la carne, deben huir de todos estos escenarios, porque allí es donde el diablo trabaja. Porque este pecado es como el ascensor que desciende pero que no tiene palanca ni botones para subir de nuevo.

18 Huid de la fornicación. Cualquier otro pecado que el hombre cometa, está fuera del cuerpo; más el que fornica, contra su propio cuerpo peca.
19 ¿O ignoráis que vuestro cuerpo es templo del Espíritu Santo, el cual está en vosotros, el cual tenéis de Dios, y que no sois vuestros?

1 CORINTIOS 6:18-19

Una de las herramientas más utilizadas por las tinieblas para destruir los matrimonios es la pobreza y la miseria. Cuando estos dos demonios se manifiestan traen consigo muchos otros problemas, y entre ellos traen la falta de afecto causado por la contienda y los constantes reproches dentro del matrimonio. Son armas de las tinieblas enviadas para impedir que este matrimonio tenga paz y que cumpla con su destino, es decir que mediante la pobreza y la miseria el diablo trabaja impedir a los matrimonios vivir una vida de paz y de gozo.

En esta ocasión os hablaré de cómo el diablo empobrece a los matrimonios. Todos sabemos que el salario del pecado es la muerte, pero hay pecados que empobrecen directamente y matan cualquier tipo de progreso. La contienda y la división traen pobreza a los matrimonios. El enemigo infiltra la contienda y la división para robar el progreso y la unión. Con muchas astucias lo hace, pero una de las principales es mediante los ataques de la brujería. *¿Cómo sucede?*:

Cuando el diablo y sus agentes comienzan a combatir un matrimonio mediante la hechicería y la brujería, lo primero que harán será lanzar espíritus de desacuerdos y de contiendas contra dicho matrimonio. Si este matrimonio no tiene el discernimiento para saber que están bajo un ataque y se dejan llevar entonces estos espíritus los ataran.

Una vez que son atados entonces el enemigo comienza a robar primeramente sus finanzas y el progreso profesional. Es lo primero que robará, porque el dinero es un escudo para el crecimiento profesional y familiar, en este mundo necesitamos finanzas para casi todo, pero la sabiduría es mayor que el dinero por eso ahora mismo usted está recibiendo sabiduría estratégica de Dios para el matrimonio.

¿Cómo son robadas las finanzas?, deben recordar que el enemigo robó la autoridad y el dominio de Adán y de Eva, de esta forma también pretende robar las finanzas, el progreso y el amor del matrimonio.

Deben saber que las finanzas espiritualmente no son billetes, sino que es una gracia, es como una luz que está sobre una persona o sobre un matrimonio. De tal forma que una vez que está sobre usted, todo comienza a prosperar, por eso dice la palabra de Dios en el libro de

Levántate y resplandece porque ha llegado tu luz, y la gloria de Jehová ha nacido sobre ti.

ISAÍAS 60:1

Esta luz es la bendición, esta bendición que enriquece y no añade tristeza, es lo que el diablo busca robar, como lo hizo con Adán y Eva. Ellos tenían la bendición de Dios, dentro esta bendición estaba la gloria, las riquezas, el progreso, una descendencia bendecida, una vida eterna en la tierra etc. Pero lo perdieron cuando fueron engañados por el enemigo, él robo esta gloriosa bendición mediante el engaño.

> Y los bendijo Dios, y les dijo: Fructificad y multiplicaos; llenad la tierra, y sojuzgadla, y señoread en los peces del mar, en las aves de los cielos, y en todas las bestias que se mueven sobre la tierra.
>
> **GÉNESIS 1:28**

Por eso muchos siglos después cuando vino Jesús el diablo le tentó diciéndole que, si se postraba y le adoraba, él le daría todas las riquezas y la gloria del mundo. ¿De dónde sacó el diablo todas estas riquezas si él no es creador de nada sino un ladrón y destructor?, son las riquezas y la gloria que robó a Adán y Eva desde el jardín del Edén a través de la serpiente.

5 Y le llevó el diablo a un alto monte, y le mostró en un momento todos los reinos de la tierra.
6 Y le dijo el diablo: A ti te daré toda esta potestad, y la gloria de ellos; porque a mí me ha sido entregada, y a quien quiero la doy.
7 Si tú postrado me adorares, todos serán tuyos.
8 Respondiendo Jesús, le dijo: Vete de mí, Satanás, porque escrito está: Al Señor tu Dios adorarás, y a él solo servirás.

LUCAS 4:5-8

Una de las maneras en las que los brujos roban es mediante una visita espiritual, que hacen con una serpiente, cogen la serpiente en la mano derecha y la extienden contra el matrimonio y ese espíritu de serpiente comienza a irritarles para que contiendan y discutan, si comienzan a contender con este mismo espíritu estos brujos comienzan a robar las finanzas y los grandes avances y se van con ello. Simplemente hicieron un intercambio, les dieron contienda y división y cogieron la luz y la bendición financiera de este día o de este mes. A causa de este tipo de ataques siempre llegan bloqueos financieros de repente, es porque alguien vino a robar el progreso. Si no se arrepienten de esta vida de contiendas y de división, pueden perder aún las respuestas de Dios que les fueron enviadas, como dice el libro de Gálatas capítulo cinco.

19 Y manifiestas son las obras de la carne, que son: adulterio, fornicación, inmundicia, lascivia, 20 idolatría, hechicerías, enemistades, pleitos, celos, iras, contiendas, disensiones, herejías, 21 envidias, homicidios, borracheras, orgías, y cosas semejantes a estas; acerca de las cuales os amonesto, como ya os lo he dicho antes, que los que practican tales cosas no heredarán el reino de Dios.

GÁLATAS 5.19-21

Aunque ahora que ustedes ya tienen el discernimiento sobre una de las formas más usadas por el enemigo para robar el progreso de los matrimonios, tengo también una noticia que darles. Una vez que se arrepienten de la contienda, de la división y de todos sus pecados, pueden orar para recuperar todo lo que les fue robado y Dios enviará a sus ángeles a recuperarlo multiplicado por siete.

30 No tienen en poco al ladrón si hurta Para saciar su apetito cuando tiene hambre; 31 Pero si es sorprendido, pagará siete veces; Entregará todo el haber de su casa.

PROVERBIOS 6:30-31

ORACIONES PARA RECUPERAR LO QUE EL ENEMIGO ROBÓ

Escrito está:

> Porque el hijo del Hombre ha venido a buscar y a salvar lo que se había perdido
>
> LUCAS 19:10

En el poderoso nombre de Jesucristo, por el poder de recuperación de Cristo, recupero todo lo que me fue robado mediante los ataques de las tinieblas, recupero todo progreso que me fue robado, recupero toda gloria que me fue robada mediante el pecado en el poderoso nombre de Jesucristo. Amén

Recupero toda elevación, todo éxito y todo favor que me fue robado en el poderoso nombre de Jesucristo. Amén

Padre de gloria, Dios altísimo derrama tu gracia sobre mí, y devuélveme los años que me fueron robados por la oruga, por el saltón, por la langosta y por el revoltón. Te lo pido en el poderoso nombre de Jesucristo. Amén

Señor derrama tu gloria sobre mi vida, y que mi vida sea restaurada conforme a tu propósito celestial y eterno te lo pido en el poderoso nombre de Jesucristo. Amén

Padre de gloria, derrama tu gloria sobre mi destino, tú prometiste que la gloria futura será mayor que la pasada, prometiste que harás cielos nuevos y una tierra nueva para mí, oh glorioso padre cumple con tu promesa y sálvame, restituye los años de gloria que el enemigo me robó, gracias padre por escucharme y por responderme con la victoria en el poderoso nombre de Jesucristo. Amén

Por el poder de Cristo por el fuego de Dios mis enemigos son confundidos, sus espadas vuelven contra ellos mismos, y en medio de la noche tengo victoria sobre ellos, en medio del día celebro mis victorias, celebro mi restauración, celebro mi avance, celebro mi favor, celebro mi progreso en el poderoso nombre de Jesucristo. Amén

Por la espada del Espíritu Santo arruino y destruyo los efectos y las huellas de la manipulación del enemigo en mi vida, destruyo por el poder de la espada de Cristo todo sufrimiento, toda aflicción impuesta por el enemigo en mi destino y en mi familia, en el poderoso nombre de Jesucristo. Amén

En el nombre de Jesucristo ahora, con autoridad y derecho legal, como heredero/a de Cristo que soy, ordeno que todo lo que fue robado desde el día de mi nacimiento me sea devuelto ahora, ordeno que me sea devuelto todo lo que me fue robado por el enemigo, en el poderoso nombre de Jesucristo. Amén

Renuncio a todo lo que Dios, no plantó en mi vida, y destruyo con fuego toda semilla de maldad, de pobreza, de limitación y de enfermedad en el poderoso nombre de Jesucristo. Amén

Recupero mi progreso multiplicado por siete, recupero mis victorias multiplicadas por siete, recupero mi avance multiplicado por siete, recupero mi salud multiplicado por siete, recupero mis finanzas multiplicado por siete, recupero mis estrellas multiplicadas por siete, en el poderoso nombre de Jesucristo. Amén

Por el poder de restauración de Cristo, me levanto en fe, me levanto en oración, me levanto en justicia, me levanto en poder, me levanto en gloria y profetizo que todo cuanto perdí me es devuelto multiplicado por siete, todo cuanto me fue robado me es devuelto multiplicado por setenta veces siete, en el poderoso nombre de Jesucristo. Amén

Por el poder de restauración de Cristo, me levanto en fe, me levanto en oración, me levanto en justicia, me levanto en poder, me levanto en gloria y profetizo que soy diez veces mejor, soy diez veces más sabio/a, soy diez veces más inteligente, soy diez veces más fuerte, soy diez veces más glorioso/a, soy diez veces más rico/a en el poderoso nombre de Jesucristo. Amén

Padre de gloria, Dios altísimo derrama tu gracia sobre mí, y devuélveme los años que me fueron robados por la oruga, por el saltón, por la langosta y por el revoltón. Te lo pido en el poderoso nombre de Jesucristo. Amén

Señor derrama tu gloria sobre mi vida, y mi vida sea restaurada conforme a tu propósito celestial y eterno te lo pido en el poderoso nombre de Jesucristo. Amén
Señor derrama tu gloria sobre mi vida, y mi vida sea restaurada conforme a tu propósito celestial y eterno te lo pido en el poderoso nombre de Jesucristo. Amén

Padre de gloria, derrama tu gloria sobre mi destino, tú prometiste que la gloria futura será mayor que la pasada, prometiste que harás cielos nuevos y una tierra nueva para mí, oh glorioso padre cumple con tu promesa y sálvame, restituye los años de gloria que el enemigo me robó, gracias padre por escucharme y por responderme con la victoria en el poderoso nombre de Jesucristo. Amén

Por el poder de Cristo por el fuego de Dios mis enemigos son confundidos, sus espadas vuelven contra ellos mismos, y en medio de la noche tengo victoria sobre ellos, en medio del día celebro mis victorias, celebro mi restauración, celebro mi avance, celebro mi favor, celebro mi progreso en el poderoso nombre de Jesucristo. Amén

EN LA NOCHE TODO PUEDE SER CAMBIADO

La vida es el fruto de la palabra, y desde el principio de la creación Dios lo creó todo desde la oscuridad. Porque la oscuridad es el escenario de la luz, la oscuridad es la ausencia de la luz. Por lo tanto, desde la oscuridad todo puede ser afectado tanto positivamente como negativamente.

> En el principio creó Dios los cielos y la tierra. Y la tierra estaba desordenada y vacía, y las tinieblas estaban sobre la faz del abismo, y el Espíritu de Dios se movía sobre la faz de las aguas.
>
> Y dijo Dios: Sea la luz; y fue la luz.
>
> **GÉNESIS 1:1-3**

Este es un principio muy poderoso de creación del que todos los hombres y mujeres poseen. La vida y la muerte están en el poder de la lengua y de la palabra, pero en la noche nuestras confesiones y declaraciones son más imponentes sobre nuestras vidas y sobre las vidas de nuestros familiares. Porque la noche es una atmósfera virgen, la atmósfera de la noche carece del peso de energía que el día recibe mediante el sol, el día tan sólo es el resultado de lo que predomina en la noche. Por eso escrito está:

> Un día emite palabra a otro día, y una noche a otra noche declara sabiduría.
>
> SALMOS 19:2

Las palabras pronunciadas son como corrientes de energías creativas o destructivas, según si son habladas desde el amor o desde el odio. Pero la palabra de Dios es fuente de vida y en nuestros corazones y en nuestras bocas es poder de vida en abundancia. La palabra de Dios solamente puede fluir desde el amor porque Dios es amor.

Esta es la razón por la que debemos orar, pero también debemos buscar momentos para orar y velar a fin de no entrar en tentación.

En la noche el enemigo prepara tentaciones contra nuestros destinos, el enemigo trabaja mediante la brujería, la hechicería y el corazón de maldad, trabaja para manipular nuestras vidas e intercambiar los tiempos. La noche es como el campo listo y bien trabajado, esperando solamente la semilla para dar lugar al fruto durante el día, y la semilla es la palabra.

Este principio de dominación el enemigo tan sólo lo imita de Dios, pero en vez de que sean los agentes del enemigo los que lo practiquen contra nuestras vidas, nos corresponde a nosotros los hijos de Dios de tomar autoridad en todos los tiempos que Dios dispone en la tierra, tanto el día como la noche fueron creados por

Dios para que nosotros sus hijos y herederos hechos a su imagen y semejanza, podamos enseñorearnos de todas las estaciones a fin de que cumplamos con su plan y con su voluntad.

Durante la noche el enemigo viene a robar, a matar y a destruir, pero sobre todo a manipular los destinos, las realidades y los tiempos. Muchos hijos de Dios estaban prosperando, pero no fueron vigilantes en la oración de la noche y el enemigo vino a imponer pobreza y retraso sobre ellos, mediante la brujería. Hay personas que duermen sanas, pero se levantan enfermas, otros duermen libres, pero se despiertan encadenados y con prisiones espirituales sobre sus destinos.

¿Cómo sucedió eso?, simplemente vino un enemigo en la noche a sembrar una mala semilla, una palabra de muerte, de enfermedad, de escases, de ruina, de retraso, etc. Durante la noche debemos buscar tiempo para orar, o es lo mismo que debemos saber que antes de salga el sol nuestras oraciones y nuestras declaraciones de fe tienen que hacerse, de tal manera que cuando llegue el día y salga el sol, estas oraciones y estas palabras se convertirán en una realidad de bendición, de victoria y de gloria.

En la parábola de Mateo 13 podemos encontrar una referencia sobre este misterio, sobre cómo el enemigo viene en la noche a sembrar todo tipo de maldad y sufrimientos en la vida de las personas.

*Pero mientras dormían los hombres, vino su enemigo
y sembró cizaña entre el trigo, y se fue.
Y cuando salió la hierba y dio fruto, entonces apareció
también la cizaña.
Vinieron entonces los siervos del padre de familia y le
dijeron: Señor, ¿no sembraste buena semilla en tu campo?
¿De dónde, pues, tiene cizaña?*

*Él les dijo: Un enemigo ha hecho esto. Y le dijeron:
¿Quieres, pues, que vayamos y la arranquemos?*

MATEO 13:25-28

Este el método de operación del enemigo, en la noche siembra cizaña en medio del trigo, es decir: Siembra pobreza en medio de la abundancia, siembran fracaso en medio del éxito, siembran destrucción en medio de la construcción, siembran retraso en medio del progreso, siembran tristeza en medio del gozo, siembran enfermedades en medio de la salud, siembran divorcio en medio del matrimonio, siembran muerte en medio de la vida.

Las semillas son palabras, y en verdad nosotros los hijos de Dios somos quienes tenemos la autoridad y el derecho legal de sembrar la palabra de Dios en medio de la noche. Debemos levantarnos en medio de la noche o antes del amanecer para destruir todas las semillas y maldiciones lanzadas por los agentes del enemigo. Porque cada día el enemigo motiva a sus agentes y los envía contra nosotros, para intentar maldecir nuestras vidas, para imponer la voluntad de las tinieblas.
Como sucedió en el caso de Balaac el rey de Moab, que al ver

al pueblo de Dios se angustió y decidió derrotarlos, pero para ello necesitaba que fuesen maldecidos. Esta es la operación que es llevada a cabo cada noche contra los inocentes y contra los hijos de Dios.

> 5 Por tanto, envió mensajeros a Balaam hijo de Beor, en Petor, que está junto al río en la tierra de los hijos de su pueblo, para que lo llamasen, diciendo: Un pueblo ha salido de Egipto, y he aquí cubre la faz de la tierra, y habita delante de mí.
> 6 Ven pues, ahora, te ruego, maldíceme este pueblo, porque es más fuerte que yo; quizá yo pueda herirlo y echarlo de la tierra; pues yo sé que el que tú bendigas será bendito, y el que tú maldigas será maldito
>
> NÚMEROS 22:5-6

Pero Dios defendió a su pueblo con poder y gracia. Balaam no pudo maldecir al pueblo de Israel. Del mismo modo Dios nos defenderá contra las acechanzas del enemigo, pero debemos levantarnos en la oración y debemos dominar la noche y la madrugada, mediante la oración y nuestras declaraciones de fe en la palabra de Dios.

Tenemos en nosotros, con nosotros y sobre nosotros todo el poder de Dios para destruir las obras de las tinieblas e imponer el Reino de Dios sobre nuestros destinos, sobre nuestras familias, sobre nuestros barrios, e incluso sobre nuestros países.

En la noche Dios envían millones de ángeles a ayudar a sus hijos en esta labor. Porque todo lo que es sellado en la noche, tiene dominio sobre el día y sobre la creación.

Recordemos el suceso de Jacob, que en la noche estuvo en gran angustia hasta que se encontró con el Ángel de Jehová, y comenzó a pelear con el Ángel de Jehová para que le diese su bendición, todo esto sucedió durante la noche, pero la bendición le fue dada antes de salir el sol, y una vez que salió el sol, el destino de Jacob ya había sido cambiado. Todo lo que sucedió después fue el resultado del combate de la noche, el favor y la gracia de Dios vino sobre Jacob de tal manera que su nombre fue cambiado a Israel, su hermano Esaú le perdonó, a pesar de que quería matarlo, después de esta noche de combate todos los acontecimientos que acompañaron a Jacob fueron de bendición, de victoria y de gloria.

Lo mismo va a suceder con nosotros si dedicamos tiempo a orar en la noche o en las madrugadas, nuestros nombres serán cambiados en gloria, en poder, en bendición, en elevación, en celebración, y en grandes victorias y podremos avanzar libremente en el plan personal de Dios para nosotros.

Nuestras vidas serán liberadas, y se romperán todas las manipulaciones y las prisiones del enemigo.

EL COMBATE QUE CAMBIÓ LA VIDA DE JACOB

El combate de Jacob y el ángel, durante la noche en Peniel

22 Y se levantó aquella noche, y tomó sus dos mujeres, y sus dos siervas, y sus once hijos, y pasó el vado de Jaboc.

23 Los tomó, pues, e hizo pasar el arroyo a ellos y a todo lo que tenía.

24 Así se quedó Jacob solo; y luchó con él un varón hasta que rayaba el alba.

25 Y cuando el varón vio que no podía con él, tocó en el sitio del encaje de su muslo, y se descoyuntó el muslo de Jacob mientras con él luchaba.

26 Y dijo: Déjame, porque raya el alba. Y Jacob le respondió: No te dejaré, si no me bendices.

27 Y el varón le dijo: ¿Cuál es tu nombre? Y él respondió: Jacob.

28 Y el varón le dijo: No se dirá más tu nombre Jacob, sino Israel; porque has luchado con Dios y con los hombres, y has vencido.

29 Entonces Jacob le preguntó, y dijo: Declárame ahora tu nombre. Y el varón respondió: ¿Por qué me preguntas por mi nombre? Y lo bendijo allí.

30 Y llamó Jacob el nombre de aquel lugar, Peniel; porque dijo: Vi a Dios cara a cara, y fue librada mi alma.

GÉNESIS 32:22-30

EL JUSTO VIVE CONFIADO COMO UN LEÓN
PROVERBIOS 28:1

KAIROS

PROFETA ROMEO

ORACIONES PARA
LA MEDIANOCHE

En el poderoso nombre de Jesucristo, Padre alabado sea tu nombre y bendita sea tu presencia. Señor te invoco en la noche, respóndeme antes de que salga el sol, padre te alabo en la noche libérame antes de que salga el sol, padre te busco en la noche, déjame encontrarte antes de que salga el sol, te lo pido en el poderoso nombre de Jesucristo. Amén

En poderoso nombre de Jesucristo, declaro la verdad de Cristo contra todas las mentiras y manipulaciones del enemigo en mi destino, en mi vida y en mi familia, en el nombre de Cristo, la verdad y la luz de Cristo son impuestas sobre toda tiniebla, sobre toda limitación, sobre toda enfermedad, sobre toda trampa en el poderoso nombre de Jesucristo. Amén

En el nombre de Jesucristo, declaro ángeles de liberación descender sobre mi destino, ato a todos los demonios enviados a estorbar mi avance y mi gloria, en el nombre de Jesucristo. Amén

Por el fuego del Espíritu Santo se rompen las cárceles familiares y territoriales que combate mi destino, soy libre y puedo volar en las alturas de la gloria de Dios, en el nombre de Jesucristo. Amén

Por el torbellino de la gloria de Dios, todo altar que limita mi vida es destruido ahora, todo altar que limita mis victorias es abatido y arruinado en el poderoso nombre de Jesucristo. Amén

En el poderoso nombre de Jesucristo toda boca de los maldicientes es enmudecida, y sus encantamientos son quemados por el poder de Cristo. Amén

Condeno al fracaso todas las armas forjadas contra mi vida, condeno al fracaso todas las trampas preparadas contra mi destino, condeno al fracaso todas las armas forjadas contra mi familia, estas armas no prosperarán, sólo la luz de Cristo prospera en mi vida y mi familia, en el poderoso nombre de Jesucristo. Amén

Profetizo que en el día mi nombre es Israel, y estoy en victoria, mis respuestas llegan a mí, mis puertas son abiertas y las riquezas de las naciones son conducidas a mí, junto con sus reyes en el poderoso nombre de Jesucristo. Amén

Profetizo que al amanecer mi principio es engrandecido, mis oportunidades son liberadas, los velos del retraso son destruidos, mi vida y mi familia son llenados de la gloria de Dios, en el poderoso nombre de Jesucristo. Amén

Profetizo que nada me falta, porque Jehová es mi pastor, tengo luz y sabiduría para tomar decisiones correctas que me ayuden a prosperar en mi santidad y en mi progreso profesional y familiar, en el poderoso nombre de Jesucristo. Amén

Profetizo que, en todos mis combates, tengo la victoria, y voy de victoria en victoria y de gloria en gloria, en el poderoso nombre de Jesucristo. Amén

Profetizo que mis cielos son abiertos, y los ángeles de Dios descienden y ascienden sobre mi destino, me toman de la mano y me libran de toda piedra de tropiezo, en el poderoso nombre de Jesucristo. Amén

Profetizo que mis puertas son abiertas, y los ángeles de Dios descienden y ascienden sobre mi destino, me toman de la mano y me libran de toda piedra de tropiezo, soy libre de toda piedra de pobreza, soy libre de toda piedra de fracaso, soy libre de toda piedra de retraso, soy libre de toda piedra de pecado, soy de toda piedra de la brujería y de la hechicería y puedo entrar en las puertas de mi elevación y de mi gloria ahora en el poderoso nombre de Jesucristo. Amén

Profetizo que recibo los tesoros escondidos, recibo mis oportunidades que fueron retenidas, y los secretos y las estrategias de mi avance en el plan glorioso de Dios en el poderoso nombre de Jesucristo, en el nombre de Jesucristo. Amén

Señor bendice mi día, padre de gloria rodéame de tu favor como de un escudo, que mi día sea lleno de tu gloria, que mi día sea lleno de buenas noticias, que mi día sea lleno de tu misericordia, te lo pido en el poderoso nombre de Jesucristo. Amén

En el poderoso nombre de Jesucristo, ato a todo hombre fuerte de fracaso, de retraso y de limitación, en el poderoso nombre de Jesucristo. Amén

Profetizo que los cielos son abiertos, y los ángeles de Dios me visitan con mis respuestas, me visitan con mi bendición, me visitan con dirección de Dios, me visitan con un nuevo tiempo en mi destino, tiempo de gloria, tiempo de favor, tiempo de avance, tiempo de victoria, en el poderoso nombre de Jesucristo. Amén

Hoy me levanto y resplandezco porque ha llegado mi luz, y la gloria del señor me acompaña, me levanto y resplandezco y la bendición de Jehová que enriquece me acompaña, me levanto y resplandezco porque ha llegado mi luz y la gloria de Jehová ha nacido sobre mí, ha nacido sobre mi destino, ha nacido sobre mi familia, en el poderoso nombre de Jesucristo. Amén

Condeno al fracaso todas las armas forjadas contra mi vida, condeno al fracaso todas las trampas preparadas contra mi destino, condeno al fracaso todas las armas forjadas contra mi familia, estas armas no prosperarán, sólo la luz de Cristo prospera en mi vida y mi familia, en el poderoso nombre de Jesucristo. Amén

Profetizo que en el día mi nombre es Israel, y estoy en victoria, mis respuestas llegan a mí, mis puertas son abiertas y las riquezas de las naciones son conducidas a mí, junto con sus reyes en el poderoso nombre de Jesucristo. Amén

Profetizo que al amanecer mi principio es engrandecido, mis oportunidades son liberadas, los velos del retraso son destruidos, mi vida y mi familia son llenados de la gloria de Dios, en el poderoso nombre de Jesucristo. Amén

Profetizo que nada me falta, porque Jehová es mi pastor, tengo luz y sabiduría para tomar decisiones correctas que me ayuden a prosperar en mi santidad y en mi progreso, en el poderoso nombre de Jesucristo. Amén

Profetizo que, en todos combates, tengo la victoria, y voy de victoria en victoria y de gloria en gloria, en el poderoso nombre de Jesucristo. Amén

Profetizo que mis cielos son abiertos, y los ángeles de Dios descienden y ascienden sobre mi destino, me toman de la mano y me libran de toda piedra de tropiezo, en el poderoso nombre de Jesucristo. Amén

Profetizo que mis puertas son abiertas, y los ángeles de Dios descienden y ascienden sobre mi destino, me toman de la mano y me libran de toda piedra de tropiezo y puedo entrar en las puertas de mi elevación y de mi gloria, en el poderoso nombre de Jesucristo. Amén

¡CÓMO VENCER EL ESPÍRITU DE RETRASO!

Dios lo hizo todo perfecto y hermoso, en su tiempo. En la agenda de Dios, toda obra tiene un tiempo de inicio y un tiempo ideal para ser terminada.

En la forma de Dios, sus obras son hermosas porque todas ellas están llenas de su luz y de su amor, el fin de todas ellas es el de expresarnos cuánto nos ama y cuánto debemos dedicar tiempo para buscarle y conocerle en profundidad. Porque es mediante nuestro acercamiento a Dios que podemos contemplar la hermosura de su grandeza.

> Todo lo hizo hermoso en su tiempo; y ha puesto eternidad en el corazón de ellos, sin que alcance el hombre a entender la obra que ha hecho Dios desde el principio hasta el fin.
>
> **ECLESIASTÉS 3:11**

Dios desde su infinito amor, sigue creando y manifestando obras de poder y de gloria. Muchas de estas obras Él las crea y las lleva a cabo mediante nosotros, mediante nuestra fe en su palabra.

Muchas de las cosas con las que soñamos, son sueños de Dios la-

tiendo en nuestras almas. Dios inclina nuestros corazones hacia sus propósitos en forma de sueños, visiones y deseos.

Muchas veces no somos conscientes que vienen de Dios, pero nos damos cuenta de ello cuando al final, en el cumplimiento de estos sueños, porque muchas personas son bendecidas y son salvadas. Los sueños de Dios no solamente son para que seamos elevados, sino para que muchas otras personas sean favorecidas, y puedan experimentar cuánto los ama Dios. Porque el mayor anhelo de Dios es que la humanidad se arrepienta y vuelva a Él.

Como los repartimientos de las aguas,
Así está el corazón del rey en la mano de Jehová;
A todo lo que quiere lo inclina.

PROVERBIOS 21:1

Como hijos de Dios que somos, aún desde el vientre de nuestras madres Dios nos apartó para sus obras y nos santificó para que seamos portadores de su gloria, para que las naciones puedan arrepentirse y volverse al él.

Usted no es fruto de ningún accidente, ni siquiera es fruto de tan sólo el deseo de sus padres, usted es fruto del plan perfecto de Dios, que lo hace todo hermoso en su tiempo. Usted es una obra hermosa de Dios, y cuando viene a Cristo por la fe, esta obra comienza a ser perfeccionada en su función y en su propósito original y celestial.

> 4 Vino, pues, palabra de Jehová a mí, diciendo:
> 5 Antes que te formase en el vientre te conocí, y antes que nacieses te santifiqué, te di por profeta a las naciones.
>
> **JEREMÍAS 1:4-5**

Lo primero que el enemigo utiliza para retrasar nuestros destinos es la falta de confianza y la inseguridad, hace pensar a las personas que no son capaces de cumplir con el plan de Dios, a pesar de que cuentan con el poder de Dios con ellos. Como fue en el caso de Jeremías, a pesar de que fue Dios quien se manifestó al él, Jeremías se veía incapaz de cumplir con el plan de Dios porque era muy joven. Jeremías estaba acostumbrado a la idea de que Dios tuviese profetas ancianos y experimentados. El enemigo utilizó esta idea y puso inseguridad y falta de confianza en Jeremías para impedirle cumplir con su llamado, pero Dios le corrigió:

> 4 Vino, pues, palabra de Jehová a mí, diciendo:
> 5 Antes que te formase en el vientre te conocí, y antes que nacieses te santifiqué, te di por profeta a las naciones.
> 6 Y yo dije: !!Ah! !!ah, Señor Jehová! He aquí, no sé hablar, porque soy niño.
> 7 Y me dijo Jehová: No digas: Soy un niño; porque a todo lo que te envíe irás tú, y dirás todo lo que te mande.
>
> **JEREMÍAS 1:4-7**

Lo segundo que el enemigo utiliza para retrasar nuestro destino es el miedo. El miedo es un arma del enemigo, con el que ha frenado millones de destinos. Mediante el miedo las personas son atadas a una mala imagen de sí mismos, donde en sus mentes solamente pueden verse fracasando y siendo rechazados. Pero es un engaño porque en verdad al dejarse llevar por el miedo el fracaso comienza a instalarse y el rechazo comienza a manifestarse. Dios trató siempre con sus hijos, haciéndoles saber que no debían temer contra las asechanzas del enemigo *porque mayor es el que está con nosotros que el que está contra nosotros.*

Quienes viven por el miedo no pueden ejercer autoridad sobre el mundo, porque el miedo es la autoridad del enemigo sobre ellos. Por lo tanto, ustedes no deben aceptar el miedo, no toleren el miedo, háganle frente y échenlo fuera de sus vidas en el nombre de Jesucristo.

Siempre que Dios nos va a llevar lejos, debemos comenzar primero tratando contra el miedo, porque es un freno oxidado que bloquea y retrasa muchos destinos.

En la biblia está escrito 365 veces la palabra: NO TEMAS

Dios insiste siempre sobre este punto porque es un como un pozo de confusión en el que muchas generaciones han caído, una y otra vez.

Nuestra confianza debe estar puesta en la palabra de Dios, *una vez que centramos nuestro corazón en su palabra, Dios centra su atención en nuestros pasos de fe.* Por eso una de las formas de vencer el retraso es venciendo el miedo y actuando con en la palabra de Dios, porque la palabra de Dios tiene preeminencia y dominio sobre todo el universo y sobre todas las circunstancias.

Por eso Dios, no solamente nos dice que no temamos, sino que nos enseña el por qué no debemos temer, es por su palabra. Si tenemos su palabra, le tenemos a él para cumplir su palabra. Porque la palabra de Dios es Dios.

> 8 No temas delante de ellos, porque contigo estoy para librarte, dice Jehová.
> 9 Y extendió Jehová su mano y tocó mi boca, y me dijo Jehová: He aquí he puesto mis palabras en tu boca.
> 10 Mira que te he puesto en este día sobre naciones y sobre reinos, para arrancar y para destruir, para arruinar y para derribar, para edificar y para plantar.
>
> JEREMÍAS 1:8-10

Lo siguiente que el enemigo utiliza para retrasar, manipular y frenar los destinos de las personas, es la mano de las tinieblas. Es una mano oscura que controla la vida de las personas y que manipula a las personas que se encuentran en su alrededor. Esta mano oscura, se manifiesta en forma de una sombra, una sombra de fracaso y de muerte. Muchas personas en ocasiones se han dado cuenta de esta sombra, como alguien que camina detrás de ellos, pero al mirar detrás no ven a nadie. Esta es la evidencia de la intervención diabólica y destructiva de la mano oscura, que viene a raíz de la persecución de la hechicería. En realidad es alguien que sirve al diablo que comienza a asegurarse que su víctima nunca tenga paz, ni avance alguno y que todo cuanto las personas hagan esté lleno de fracasos y de humillaciones.

Usted necesita la manifestación poderosa de la mano de Dios para vencer esta intervención de la mano oscura, la mano del retraso.

La mano de Dios destruirá la mano de las tinieblas y nos sacará del retraso para introducirlos en un avance espontáneo y escandaloso en el poderoso nombre de Jesucristo.

La mano de Dios te hace vencer el retraso impuesto por el enemigo y te coloca por delante de los más rápidos. Es una de las razones por las que el Señor Jesús dijo:

> Muchos de los que ahora son los primeros, serán los últimos; y los que ahora son los últimos serán los primeros.
>
> **MATEO 19:30**

Cuando la mano del señor se manifiesta sobre nosotros, nos saca de los más hondo del barro y nos establece por encima de los reinos más poderosos.

Con Dios, estamos siempre en la posición de vencer, Dios puede sacarnos de lo más bajo y ponernos en lo más alto, Dios quiere hacerlo. Por eso debemos conocer el poder de su diestra.

El profeta Elías experimentó el progreso repentino por encima del tiempo y del espacio, manifestado por la mano del Señor que vino sobre él, para introducirle en un nuevo tiempo de su ministerio.

Después de que la mano del Señor viniese sobre el profeta Elías, Dios lo llevó por delante del rey Acab, tuvo encuentros mucho más poderosos con Dios, tuvo su encuentro con Eliseo y años después fue arrebatado por un caro angelical de fuego, siendo así el segundo hombre en entrar en el cielo sin experimentar la muerte, al igual que Enoc.

> 45 Y aconteció, estando en esto, que los cielos se oscurecieron con nubes y viento, y hubo una gran lluvia. Y subiendo Acab, vino a Jezreel.
> 46 Y la mano de Jehová estuvo sobre Elías, el cual ciñó sus lomos, y corrió delante de Acab hasta llegar a Jezreel.
>
> **1 REYES 18:45-46**

Debemos orar pidiendo a Dios que manifieste el poder de su diestra sobre nuestras vidas y experimentaremos victorias únicas y extraordinarias, el señor nos liberará como al pueblo de Israel en Egipto. Ellos fueron liberados por la mano fuerte de Dios. Esta gracia del poder de la mano fuerte de Dios aún hoy está disponible para nosotros, pero debemos pedírselo al Señor con fe y con perseverancia y las influencias de la mano de las tinieblas serán completamente destruidas. Porque nadie puede hacer frente el poder de la mano fuerte de Dios. Cuando clamamos a Dios pidámosle que nos libere con su mano fuerte y con su brazo extendido, y sucederán milagros, señales y prodigios a nuestro favor para la gloria de Dios. *Este es un gran secreto de poder, de victoria y de grandes triunfos.*

7 Y clamamos a Jehová el Dios de nuestros padres; y
Jehová oyó nuestra voz, y vio nuestra aflicción, nuestro
trabajo y nuestra opresión;
8 y Jehová nos sacó de Egipto con mano fuerte, con
brazo extendido, con grande espanto, y con señales y
con milagros;

DEUTERONOMIOS 26:7-8

ORACIONES PARA DESTRUIR EL RETRASO

En el poderoso nombre de Jesucristo, proclamo cielos abiertos sobre mi vida, profetizo que los cielos se abren y sueltan la lluvia de gloria sobre mi destino, en el poderoso nombre de Jesucristo. Amén

En el poderoso nombre de Jesucristo, la mano de Jehová está sobre mí
Por la mano de Jehová mis limitaciones son vencidas,
Por la mano de Jehová mis fracasos son superados,
Por la mano de Jehová mis oposiciones son derribadas,
Por la mano de Jehová todo retraso es vencido en el poderoso nombre de Jesucristo. Amén

En el poderoso nombre de Jesucristo, destruyo toda influencia de la mano del retraso, destruyo toda influencia de la mano de la escases destruyo toda manipulación de la mano de la limitación, en el poderoso nombre de Jesucristo. Amén

Por la mano de Cristo sobre mí, toda mano tenebrosa es quebrantada y arruinada, en el poderoso nombre de Jesucristo. Amén

Por la mano de Cristo sobre mí, enmudezco toda voz de limitación y de miedo, en el poderoso nombre de Jesucristo. Amén

Por la mano de Cristo sobre mí, supero todos los obstáculos de mi destino y me coloco por delante en victoria y en gloria, en el poderoso nombre de Jesucristo. Amén

Por la mano de Cristo sobre mí, anulo el espíritu del retraso, de soberbia y de rebelión, me desato de ellos, destruyo sus trampas, y los envío al abismo, en el poderoso nombre de Jesucristo. Amén Me desato de todo retraso, me desato de toda desobediencia a Dios, y me arrepiento, declaro que la gracia de Dios está sobre mí para vencer el retraso en el poderoso nombre de Jesucristo. Amén

Ato y envío al abismo a todo espíritu de pereza, que limita mis fuerzas, mi creatividad y mi trabajo, en el poderoso nombre de Jesucristo. Amén

En el poderoso nombre de Jesucristo, proclamo cielos abiertos sobre mi vida, profetizo que los cielos se abren y sueltan la lluvia de gloria sobre mi destino, en el poderoso nombre de Jesucristo. Amén

En el poderoso nombre de Jesucristo, la mano de Jehová está sobre mí
Por la mano de Jehová mis limitaciones son vencidas,
Por la mano de Jehová mis fracasos son superados,
Por la mano de Jehová mis oposiciones son derribadas,
Por la mano de Jehová todo retraso es vencido en el poderoso nombre de Jesucristo. Amén

En el poderoso nombre de Jesucristo, destruyo toda influencia de la mano del retraso, destruyo toda influencia de la mano de la miseria, destruyo toda manipulación de la mano de la limitación, en el poderoso nombre de Jesucristo. Amén

En el poderoso nombre de Jesucristo, proclamo cielos abiertos sobre mi vida, profetizo que los cielos se abren y sueltan la lluvia de gloria sobre mi destino, en el poderoso nombre de Jesucristo. Amén

En el poderoso nombre de Jesucristo, destruyo toda influencia de la mano del retraso, destruyo toda influencia de la mano de la escases destruyo toda manipulación de la mano de la limitación, en el poderoso nombre de Jesucristo. Amén

Por la mano de Cristo sobre mí, toda mano tenebrosa es quebrantada y arruinada, en el poderoso nombre de Jesucristo. Amén

Por la mano de Cristo sobre mí, enmudezco toda voz de limitación y de miedo, en el poderoso nombre de Jesucristo. Amén

Por la mano de Cristo sobre mí, supero todos los obstáculos de mi destino y me coloco por delante en victoria y gloria, en el poderoso nombre de Jesucristo. Amén

Por la mano de Cristo sobre mí, anulo el espíritu del retraso, de soberbia y de rebelión, me desato de ellos, destruyo sus trampas, y los envío al abismo, en el poderoso nombre de Jesucristo. Amén
Me desato de todo retraso, me desato de toda desobediencia a Dios, y me arrepiento, declaro que la gracia de Dios está sobre mí para vencer el retraso en el poderoso nombre de Jesucristo. Amén

Ato y envío al abismo a todo espíritu de pereza, que limita mis fuerzas, mi creatividad y mi trabajo, en el poderoso nombre de Jesucristo. Amén

En el poderoso nombre de Jesucristo, proclamo cielos abiertos sobre mi vida, profetizo que los cielos se abren y sueltan la lluvia de gloria sobre mi destino, en el poderoso nombre de Jesucristo. Amén

Por la mano fuerte de Cristo y por su brazo extendido se rompen todas las cárceles de mi destino y soy libre ahora.

Por la mano fuerte de Cristo y por su brazo extendido mis perseguidores son heridos y derribados ahora.

Por la mano fuerte de Cristo y por su brazo extendido prodigios y señales del cielo se manifiestan a favor de mi liberación, de mi sanidad, de mi progreso y de mi paz en el nombre de Jesucristo. Amén

EL ATAQUE DEL SUEÑO ESPIRITUAL INTERMINABLE

Este es un tipo de ataque que muchas personas sufren, es un ataque muy discreto y silencioso, pero demasiado destructivo. En realidad, se trata de un ataque realizado mediante encantamientos, que tiene como objetivo anular a las personas en todas sus áreas productivas. Las personas que sufren este ataque espiritual diabólico están todo el tiempo cansadas, agotadas, sin fuerzas y sin las ganas de hacer nada.

El enemigo utiliza este ataque porque sabe muy bien que la negligencia es destructiva, y que quien no trabaja, quien no se esfuerza en nada, no tendrá ningún avance, no gozará de ningún tipo de progreso y será una víctima de retrasos constantes. Esto es como ser presa de una red invisible, y esta red es la pereza extrema.

> La mano negligente empobrece;
> Mas la mano de los diligentes enriquece.
>
> **PROVERBIOS 10:4**

Esto trae muchos fracasos porque cuando se trata de un estudiante, por ejemplo, por mucho que quiera estudiar, si está bajo este ataque tendrá un sueño pesado durante todo el tiempo, aún si duerme todo el día seguirá estando cansado y con sueño.

Muchas personas muy trabajadoras fueron atacadas, por ejemplo, por compañeros envidiosos que utilizaron este tipo de ataque que los llevo a ser ineficaces en sus trabajos. En realidad, este encantamiento tiene por objetivo atar a las personas mediante un tipo de demonio que roba la energía física y espiritual de la persona, es decir este demonio absorbe las fuerzas de la persona para que no pueda trabajar, ni estudiar, ni hacer nada que valga la pena. Es uno de los ataques de hechicería más usados contra los hijos de Dios, para separarles de la oración, por eso algunos de repente perdieron las fuerzas de orar, cuando comienzan a orar se duermen. Esto es un ataque muy peligroso que tiene como finalidad anular a la persona e impedir que siga avanzando y progresando en su relación con Dios y en el cumplimiento de su destino.

El enemigo utiliza este tipo de ataques porque su plan es frenar el destino de los hijos de Dios y si no puede frenarlo, hará todo para retrasarlo al máximo.

Muchas personas piensan erróneamente que los buenos planes que Dios tiene para ellos se cumplirán solos. Piensan que llegará un tiempo donde todo sucederá automáticamente, esto no es fe, es fantasía. Porque sin fe es imposible agradar a Dios, y la fe no es una emoción, la fe es actuar en confianza, en la palabra de Dios. La fe sin obras está muerta, y por muy glorioso que sea su destino, si usted no se levanta para hacer frente a todo lo que se opone al cumplimiento de su destino, este destino nunca se cumplirá. Por eso debemos combatir activamente todas las obras del enemigo al mismo tiempo que debemos combatir también nuestra propia carne, porque en demasiadas ocasiones la carne nos hace tropezar por no sujetarla a la dirección del Espíritu.

Otra de las maneras que utilizan para dar imponer el espíritu del sueño pesado en las personas, es mediante los sueños de comidas. Son sueños en los que las personas se ven comiendo constantemente, esto es el resultado de una operación activa de la brujería mediante encantamientos. La persona se ve comiendo en sus sueños, pero en verdad son espíritus que los enemigos están introduciendo en ellos para causar todo tipo de problemas.

EL JUSTO VIVE CONFIADO COMO UN LEÓN
PROVERBIOS 28:1

KAIROS
PROFETA ROMEO

ORACIONES PARA DESTRUIR LA OPRESIÓN DEL SUEÑO Y CANSANCIO INTERMINABLE

Lo primero que va a hacer es coger un recipiente con agua y va a orar pidiendo a Dios que santifique esta agua con su poder y unción mediante estas oraciones. Después de hacer las oraciones lávese el rostro con el agua bendecida en la oración, tome una parte y la otra parte derrámela sobre su cabeza.

Padre celestial, bendito sea tu nombre
Exaltada sea tu gloria
Elevado sea tu poder en el nombre de Jesucristo. Amén

Padre de Gloria y de Poder, clamo por tu misericordia
Clamo por tu compasión y por tu gracia en el nombre de Jesucristo. Amén

Señor libérame de toda opresión que combate mi vida
Libérame de toda opresión que perturba mi paz
Libérame de toda opresión que debilita mi vida te lo pido en el nombre de Jesucristo. Amén

En poderoso nombre de Jesucristo destruyo todo encantamiento lanzado para limitar mis fuerzas, lo destruyo en el nombre de Jesucristo. Amén
En el nombre de Jesucristo destruyo todo lazo de sueño y de fatiga, usado para debilitarme y anularme, lo destruyo en el poderoso nombre de Jesucristo. Amén

En el nombre de Jesucristo destruyo y reprendo toda carga espiritual diabólica colocada sobre mí para retrasar y para perturbar mi avance, en el poderoso nombre de Jesucristo. Amén

En el nombre de Jesucristo, señor santifica esta agua con tu fuego y con tu poder, llena esta agua con el poder de tu gracia, toca esta agua señor, y santifícala. Te lo pido en el poderoso nombre de Jesucristo. Amén
Repita la oración tres veces

En el nombre de Jesucristo lavo mi rostro y reprendo todo encantamiento, soy libre ahora por el poder de Cristo, en el nombre de Jesucristo. Amén

Ahora lave su rostro, tome una parte del agua y derrame la otra parte sobre su cabeza. Comenzará a experimentar una liberación, algo saldrá de usted e instantes después notará sus fuerzas volver a usted. Gloria a Dios, en el nombre de Jesucristo. Amén

Continué haciendo las oraciones.

Padre celestial, bendito sea tu nombre
Exaltada sea tu gloria
Elevado sea tu poder en el nombre de Jesucristo. Amén
Padre de Gloria y de Poder, clamo por tu misericordia
Clamo por tu compasión y por tu gracia en el nombre de Jesucristo. Amén

Señor libérame de toda opresión que combate mi vida
Libérame de toda opresión que perturba mi paz
Libérame de toda opresión que debilita mi vida te lo pido en el nombre de Jesucristo. Amén

En poderoso nombre de Jesucristo destruyo todo encantamiento lanzado para limitar mis fuerzas, lo destruyo en el nombre de Jesucristo. Amén

En el nombre de Jesucristo destruyo todo lazo de sueño y fatiga, usado para debilitarme y anularme, lo destruyo en el poderoso nombre de Jesucristo. Amén

En el nombre de Jesucristo destruyo y reprendo toda carga espiritual diabólica colocada sobre mí para retrasar y para perturbar mi avance,
Señor santifica esta agua con tu fuego y con tu poder, llena esta agua con el poder de tu gracia, toca esta agua señor, y santifícala. Te lo pido en el poderoso nombre de Jesucristo. Amén

En el nombre de Jesucristo lavo mi rostro y reprendo todo encantamiento, soy libre ahora por el poder de Cristo, en el nombre de Jesucristo. Amén Padre celestial, bendito sea tu nombre
Exaltada sea tu gloria
Elevado sea tu poder en el nombre de Jesucristo. Amén

Señor libérame de toda opresión que combate mi vida
Libérame de toda opresión que perturba mi paz
Libérame de toda opresión que debilita mi vida

En poderoso nombre de Jesucristo destruyo todo encantamiento lanzado para limitar mis fuerzas, lo destruyo en el nombre de Jesucristo. Amén
En el nombre de Jesucristo destruyo todo lazo de sueño y fatiga, usado para debilitarme y anularme, lo destruyo en el poderoso nombre de Jesucristo. Amén

LEVÁNTATE Y HAZ BRILLAR TU DESTINO

Levantarse en fe, es el primer paso para cumplir con un destino glorioso. Todos fuimos creados por Dios, por eso desde el momento en que apliquemos sus principios de poder, comenzaremos a experimentar una dimensión de gracia extraordinaria.

La misma creación nos enseña a la perfección este principio de levantarse. Aunque bien es conocido que la tierra está en constante movimiento, pero para el amanecer la percepción visual respecto al sol es que cada día el sol se levanta ante nuestros ojos. Comenzando desde el crepúsculo matutino, que es el semáforo que da paso a un día muy luminoso en toda la creación.

Las semillas son sembradas dentro de la tierra, pero en el proceso de germinación, el embrión comienza a desarrollarse, se hincha hasta que la cubierta de la semilla se rompe y todos podemos ver cómo sale de la tierra y se levantan una hermosa planta. Este es el carácter de toda la naturaleza creada por Dios.

Aun cuando nacen los niños y las niñas, en su crecimiento los padres esperan con gran expectativa el momento en que hagan el esfuerzo de levantarse o ponerse de pie, porque un tiempo después de ponerse de pie, lo siguiente es que comiencen a caminar y después se vuelven imparables. Corriendo por toda la casa. Esto no sucede sólo, ellos se deben levantar para dar lugar a todos los demás acontecimientos que favorezcan su crecimiento y desarrollo personal.

Del este modo trabaja Dios con nosotros y son incontables sus bondades, pero debemos levantarnos en fe y en determinación. La gloria de Dios no vendrá si no nos levantamos.

Todo el tiempo Dios nos llama a levantarnos en fe. En el lenguaje de Dios levantarse es dar lugar a un tiempo nuevo, de liberación, de transformación, de juicio, de justicia, de poder y de gloria.

Levantarse en el lenguaje de Dios sinónimo de ejercer poder y autoridad. El salmista David conocía bien a Dios y conocía sus principios de poder y de gloria. Una vez que el Espíritu del Señor descendía sobre él, era inspirado y empoderado para escribir y orar de acuerdo con la voluntad de Dios conforme a la capacidad de su gloria infinita.

Desde este momento comenzaba una apertura en el reino espiritual que daba paso al Rey de gloria, porque estaba de pie para responder al clamor de su siervo.

> Levántese Dios, sean esparcidos sus enemigos,
> Y huyan de su presencia los que le aborrecen.
> Como es lanzado el humo, los lanzarás;
> Como se derrite la cera delante del fuego,
> Así perecerán los impíos delante de Dios.
> Mas los justos se alegrarán; se gozarán delante de Dios,
> Y saltarán de alegría.
>
> SALMOS 60:1-3

Pero este poderoso principio de poder también es necesario para nosotros los hijos de Dios, para poder cumplir con el plan de Dios debemos levantarnos en fe, para actuar conforme a su plan y cumplir con nuestros destinos proféticos.

Cada vez que Dios ha tenido que llevar a su pueblo o a alguien a cumplir un propósito, casi siempre ha comenzado por decirle que se levanten. Dios nos llama a levantarnos y así como nos levantamos así Dios también se levanta a nuestro favor y su gloria es derramada sobre nosotros.

Por muy maravillosas que sean las promesas de Dios, si permanecemos sentados y de brazos cruzados, estas promesas seguramente nunca se lleguen a cumplir con nosotros a pesar de que son para nosotros y que fiel es aquel que prometió.

Debemos levantarnos en fe y avanzar con determinación hasta el final y Dios derramará su gloria, correspondiendo a nuestra fe y a nuestras oraciones.

Josué fue escogido como líder para guiar al pueblo de Israel bajo la poderosa mano del Todopoderoso. Josué estaba ungido con poder y gloria más para que su ministerio comenzara debía levantarse y tomar autoridad sobre Israel para introducirlo en el cumplimiento de la promesa de Dios. Todo está sujeto a cambiar si tomamos la decisión de creer y de levantarnos para actuar en fe.

Aconteció después de la muerte de Moisés siervo de Jehová, que Jehová habló a Josué hijo de Nun, servidor de Moisés, diciendo:
2 Mi siervo Moisés ha muerto; ahora, pues, levántate y pasa este Jordán, tú y todo este pueblo, a la tierra que yo les doy a los hijos de Israel.
3 Yo os he entregado, como lo había dicho a Moisés, todo lugar que pisare la planta de vuestro pie.

JOSUE 1:1-3

Aun cuando todo parece perdido, si nos levantamos podremos vencer.

Aun cuando el fracaso y el rechazo de la sociedad nos haya deja de lado si nos levantamos podremos ser una solución para los problemas de dicha sociedad. Porque aceptar que es el final, puede ser el final, pero decidir que es el tiempo de levantarse y vencer, será siempre correspondido por el poder de Dios y esta decisión de levantarnos dará a luz a un tiempo de gloria extraordinario. Por eso debemos depender de Dios, buscando su sabiduría y su dirección para después movernos en fe y para que el mundo para iluminarlo con la luz de la gloria de Cristo que está sobre nosotros.

Tomemos la decisión de levantarnos ahora y todo lo demás vendrá por añadidura en nuestros pasos de fe.

Un grupo de cuatro leprosos que ya no tenían esperanzas en la vida, marginados y despreciados por todos. Decidieron un día levantarse sin miedo y Dios los bendijo con abundancia y los uso como portadores de buenas noticias. Pero todo comenzó con la decisión de levantarse, con la decisión de no dejarse morir, y de luchar por vivir.

Da igual donde usted se encuentre ahora, si pone su fe en Dios y en su palabra y se levanta, grandes victorias se manifestarán en su vida y podrá ver respuestas únicas e incomparables.

3 Había a la entrada de la puerta cuatro hombres leprosos, los cuales dijeron el uno al otro: ¿Para qué nos estamos aquí hasta que muramos?
4 Si tratáremos de entrar en la ciudad, por el hambre que hay en la ciudad moriremos en ella; y si nos quedamos aquí, también moriremos. Vamos, pues, ahora, y pasemos al campamento de los sirios; si ellos nos dieren la vida, viviremos; y si nos dieren la muerte, moriremos.

5 Se levantaron, pues, al anochecer, para ir al campamento de los sirios; y llegando a la entrada del campamento de los sirios, no había allí nadie.

6 Porque Jehová había hecho que en el campamento de los sirios se oyese estruendo de carros, ruido de caballos, y estrépito de gran ejército; y se dijeron unos a otros: He aquí, el rey de Israel ha tomado a sueldo contra nosotros a los reyes de los heteos y a los reyes de los egipcios, para que vengan contra nosotros.
7 Y así se levantaron y huyeron al anochecer, abandonando sus tiendas, sus caballos, sus asnos, y el campamento como estaba; y habían huido para salvar sus vidas.
8 Cuando los leprosos llegaron a la entrada del campamento, entraron en una tienda y comieron y bebieron, y tomaron de allí plata y oro y vestidos, y fueron y lo escondieron; y vueltos, entraron en otra tienda, y de allí también tomaron, y fueron y lo escondieron.
9 Luego se dijeron el uno al otro: No estamos haciendo bien. Hoy es día de buena nueva, y nosotros callamos; y si esperamos hasta el amanecer, nos alcanzará nuestra maldad. Vamos pues, ahora, entremos y demos la nueva en casa del rey.
10 Vinieron, pues, y gritaron a los guardas de la puerta de la ciudad, y les declararon, diciendo: Nosotros fuimos al campamento de los sirios, y he aquí que no había allí nadie, ni voz de hombre, sino caballos atados, asnos también atados, y el campamento intacto.

2 REYES 7:3-10

Aun cuando usted lo haya perdido todo, recuerde que su destino depende de Dios y de usted. Si usted falló, Dios no fallará, por lo tanto, pida perdón a Dios, tome la decisión del cambio y levántese en fe.

Porque para reconstruir un destino destruido hace falta levantarse para trabajar y luchar por dicha reconstrucción. Dios responde a la fe, no a las emociones. La fe es levantarse, esforzarse, luchar, orar y permanecer con paz confiando en que el resultado está de camino.

> *Debemos trabajar como si todo depende de nosotros*
> *Y orar como si todo depende de Dios*
>
> *Profeta Mayor Tb Joshua*

En el tiempo de Nehemías, el pueblo estaba desanimado, perdido, sin fe. Pensaban que Dios se había olvidado de ellos, pero Dios estaba con ellos. El mayor problema era que estaban sentados y desanimados, hasta que llegó Nehemías a darles ánimos y esperanzas. Entonces se levantaron y juntos con fe y determinación, pudieron reconstruir toda la ciudad, restaurando así el honor de Israel.

17 Les dije, pues: Vosotros veis el mal en que estamos,
que Jerusalén está desierta, y sus puertas consumidas
por el fuego; venid, y edifiquemos el muro de Jerusalén,
y no estemos más en oprobio.

18 Entonces les declaré cómo la mano de mi Dios había
sido buena sobre mí, y asimismo las palabras que el rey
me había dicho. Y dijeron: Levantémonos y edifiquemos.
Así esforzaron sus manos para bien.

NEHEMIAS 2:17-18

Su actitud determina hasta dónde usted llegará con Dios.

En ninguno de los planes de Dios está que fracasemos, pero en todos sus planes está ayudarnos a levantarnos de cualquier caída y capacitarnos para vencer, porque mayor es el que está en nosotros que el que está en el mundo.

Los milagros más extraordinarios suceden cuando decidimos creer en Dios y en su palabra, levantándonos en fe. La vida de cualquier persona puede cambiar en cualquier momento, tan sólo debe levantarse en fe para cumplir con su destino.

Había un mendigo que siempre pedía limosnas en la sinagoga de la oración, estaba en un lugar de oración, cerca de hombres y mujeres de oración, seguramente alguna vez oraba también, pero su condición nunca cambio porque nunca decidió levantarse. El día que puso su fe en la palabra revelada de Dios, se levantó y caminó por primera vez, y su historia cambió para siempre.

Un día, Pedro y Juan fueron al templo para la oración de las tres de la tarde. 2 Allí, en el templo, estaba un hombre paralítico de nacimiento, al cual llevaban todos los días y lo ponían junto a la puerta llamada la Hermosa, para que pidiera limosna a los que entraban. 3 Cuando el paralítico vio a Pedro y a Juan, que estaban a punto de entrar en el templo, les pidió una limosna. 4 Ellos lo miraron fijamente, y Pedro le dijo:

—Míranos.

5 El hombre puso atención, creyendo que le iban a dar algo.6 Pero Pedro le dijo:

—No tengo plata ni oro, pero lo que tengo te doy: en el nombre de Jesucristo de Nazaret, levántate y anda.

7 Dicho esto, Pedro lo tomó por la mano derecha y lo levantó, y en el acto cobraron fuerzas sus pies y sus tobillos. 8 El paralítico se puso en pie de un salto y comenzó a andar; luego entró con ellos en el templo, por su propio pie, brincando y alabando a Dios. 9 Todos los que lo vieron andar y alabar a Dios, 10 se llenaron de asombro y de temor por lo que le había pasado, ya que conocían al hombre y sabían que era el mismo que se sentaba a pedir limosna en el templo, en la puerta llamada la Hermosa.

HECHOS 3:1-9

Este milagro no es solamente para los paralíticos sino para todo aquel que pueda creer y decida levantarse para pelear por el cambio.

Ya no hay más tiempo que perder, el señor nos llama a levantarnos en oración, a levantarnos en búsqueda de su presencia, a levantarnos en obediencia a su palabra, Dios nos llama a levantarnos en fe, estando firmes confiando en su palabra. En cada área de nuestras vidas, Dios nos dice ahora:

Levántate, resplandece; porque ha venido tu luz, y la gloria de Jehová ha nacido sobre ti.

2 Porque he aquí que tinieblas cubrirán la tierra, y oscuridad las naciones; mas sobre ti amanecerá Jehová, y sobre ti será vista su gloria.

3 Y andarán las naciones a tu luz, y los reyes al resplandor de tu nacimiento.

4 Alza tus ojos alrededor y mira, todos éstos se han juntado, vinieron a ti; tus hijos vendrán de lejos, y tus hijas serán llevadas en brazos.

5 Entonces verás, y resplandecerás; se maravillará y ensanchará tu corazón, porque se haya vuelto a ti la multitud del mar, y las riquezas de las naciones hayan venido a ti.

ISAÍAS 60:1-5

Tu tiempo de brillar ha llegado, levántate y brilla. Dios está contigo y su gloria te cubre en el poderoso nombre de Jesucristo. Amén

CONCLUSIÓN DEL LIBRO

En este libro he tratado de crear una guía de revelación de la palabra de Dios, de liberación y de enseñanzas de lo sobrenatural, de los principios de Dios y sobre las formas en las que el mundo de las tinieblas opera para mantener en cautividad a millones de personas.

El libro consta de enseñanzas únicas y reveladoras acompañadas de secciones de poderosas oraciones de liberación llenas de la unción del Espíritu de Dios. Mediante este libro hemos aprendido acerca de cómo vivir para cumplir con nuestro destino profético y sobre cómo vencer contra las operaciones que el enemigo utiliza para evitar que hagamos la voluntad de Dios.

Ahora que ha terminado de leer y de orar con el libro, pida al Espíritu Santo que le llene del discernimiento y de la gracia necesaria para aplicar estas enseñanzas de poder.

Puede hacer las oraciones tantas veces como quiera y en cualquier momento del día o de la noche.

Desde el Ministerio Templo de Gloria y Poder. Les bendecimos y oramos para que la gracia de Dios los cubra y los capacite para vivir una vida de gloria y de victoria.

Todos nuestros libros están disponibles en nuestra página web:

WWW.PASTORROMEO.COM
Y EN AMAZON A NOMBRE DE PROFETA ROMEO

Puede también contactarnos por vía Gmail:

PASTORROMEO777@GMAIL.COM

Muchas gracias por su gran apoyo y por amor